Brigitte Leuschner

Josephs silberner Becher – Vergeltung und Versöhnung

Brigitte Leuschner

Josephs silberner Becher – Vergeltung und Versöhnung

Ein biblisches Motiv in der Literatur

Tectum Verlag

Brigitte Leuschner

Josephs silberner Becher – Vergeltung und Versöhnung.
Ein biblisches Motiv in der Literatur

ISBN: 978-3-8288-2122-4

Umschlagabbildung: Ausschnitt aus "Josef spricht mit Juda mit dem gefundenen Becher in der Hand" (1682) von Aert de Gelder (1645–1727), Kurpfälzisches Museum, Heidelberg

Besuchen Sie uns im Internet
www.tectum-verlag.de

Bibliografische Informationen der Deutschen Nationalbibliothek
Die Deutsche Nationalbibliothek verzeichnet diese Publikation in der Deutschen Nationalbibliografie; detaillierte bibliografische Angaben sind im Internet über http://dnb.ddb.de abrufbar.

Inhalt

Bist du einst der Herr der Ernten,
speise deine schlimmen Brüder

C.F. Meyer, Der Stromgott

Vorwort

Joseph wird von seinen neidischen Brüdern in die Sklaverei verkauft und rächt sich später mit Vergeltung, der er aber die Versöhnung folgen läßt. So lautet die knappste Zusammenfassung der Geschichte, die in der Bibel (1. Mose Kap. 37 und 39–46) erzählt wird. Die Reizworte Vergeltung und Versöhnung sind das Thema meiner Betrachtung, die keinesfalls eine Interpretation des biblischen Textes beabsichtigt, sondern untersuchen und vorstellen will, wie die im Bibeltext enthaltenen Motive in fünf ausgewählten literarischen Werken behandelt und verwandelt werden.

Meine Betrachtung gilt jedoch nicht diesen fünf Werken im ganzen, sondern vorgestellt und verglichen werden nur jeweils die für mein Thema wesentlichen Strukturelemente des Geschehens, nämlich: Josephs Träume, die Begegnung mit den Brüdern auf der Weide, die Begegnungen in Ägypten, der vorgebliche Diebstahl, Erkennen und Versöhnung. Auch die literarische Qualität der einzelnen Werke wird nicht bewertet. Denn mir geht es um die Beziehung zwischen Prüfung oder Strafe und Rache einerseits und Vergebung, Verzeihung und Versöhnung andererseits, und um die Frage, wie und ob beides zu vereinen ist, ob eines das andere behindert, erschwert, verdirbt oder überhaupt unmöglich macht. So bleibt auch die Episode mit Potiphars Frau, die in den zahlreichen literarischen Gestaltungen meist das Hauptinteresse beansprucht, in meiner Betrachtung unberücksichtigt, weil sie für mein Thema keine Rolle spielt. Dagegen wird die Rolle von Josephs Frau Asnath mit in den

Blickpunkt genommen, da sie in die Frage von Schuld und Vergeltung mit einbezogen wird.

1. Die biblische Erzählung

Zunächst sei die biblische Erzählung etwas ausführlicher referiert: Joseph, der Lieblingssohn Jakobs wird von seinem Vater, der ihm einen bunten Rock geschenkt hat, bevorzugt und erregt dadurch die Feindschaft seiner älteren Brüder. Durch seine Träume, die als Erhöhung über seine Brüder gedeutet werden, wird die Feindschaft noch verstärkt. Die Brüder wollen ihn töten; Rubens List, ihn zu retten, mißlingt; auch Juda mißbilligt den Brudermord und schlägt vor, ihn zu verkaufen. Dadurch kommt Joseph nach Ägypten in das Haus des Potiphar, wird wegen seiner Schönheit von dessen Frau begehrt und, da er ihren Werbungen widersteht, von ihr eines Vergewaltigungsversuches angeklagt und ins Gefängnis gebracht. Der Ruf, den er sich im Gefängnis als Traumdeuter erwirbt, hat zur Folge, daß er auch die Träume des Pharao deuten soll und ihm Ratschläge für die bevorstehende Hungersnot gibt, sodaß er zum Statthalter ernannt wird. Als solcher gebietet er über die Vorräte an Korn, die auf seine Anordnung hin gespeichert worden sind. Während der Hungersnot kommen auch seine Brüder, um Korn zu kaufen. Als zehn Brüder zu Joseph kommen, erkennt er sie gleich, sie ihn aber nicht. Erst bei der dritten Begegnung gibt er sich ihnen zu erkennen. Beim ersten Mal verdächtigt er sie, Kundschafter zu sein. Um ihre Redlichkeit glaubhaft zu machen, erzählen sie von den zwölf Söhnen ihres Vaters, von denen der jüngste zu Hause geblieben und einer „nicht mehr vorhanden“ (Kap. 42, 13) sei. Unter dem Vorwand, die Wahrheit dieser Aussage zu prüfen, sperrt Joseph sie alle zuerst drei Tage lang ein, behält dann einen von ihnen gefesselt zurück und fordert die andern auf, mit dem jüngsten Bruder, Benjamin, wieder zu kommen. Bei der Gefangennahme erinnern sich die Brüder daran, was sie vor Jahren Joseph angetan haben und sehen das, was jetzt mit ihnen geschieht, als Strafe dafür an. (Kap. 42, 21). Joseph, der dies hört, wendet sich um und weint. Die Brüder erhalten gegen Bezahlung Getreide und finden das für das Getreide bezahlte Geld in ihren Säcken. So verbindet Joseph Strafe mit Güte. Bei der zweiten Begegnung, als sie mit dem jüngsten Bruder Benjamin wieder vor Joseph stehen, werden sie in Josephs Haus geführt und zum Essen eingeladen. Joseph begrüßt sie freundlich; als er seinen Bruder Benjamin sieht, geht er in seine Kammer und weint. Zum Essen plaziert er sie nach ihrem Alter, worüber sie sich wundern. Dann befiehlt er seinem Haushalter, die Säcke mit Getreide zu füllen, das Geld wiederum hineinzulegen und in Benjamins Sack dazu seinen silbernen Becher, aus dem Joseph weissagt; als die Brüder aus der Stadt heraus sind, wird der Haushalter ihnen nachgeschickt, klagt sie des Diebstahls an mit den von Joseph befohlenen Worten: „Warum habt ihr Gutes mit Bösem vergolten?“ (Kap. 44, 4). Hiermit ist auf das entgegengesetzte Verhalten Josephs angespielt. Er hat sie beim zweiten Zusammentreffen freundlich empfangen, sie zum Essen eingeladen und ihnen das Getreide wiederum umsonst gegeben. Der Becher wird in Benjamins Sack gefunden. Alle ziehen zurück zu Joseph und fallen vor ihm nieder. Dieser läßt sie seine Macht spüren: „wisset ihr nicht daß es ein solcher Mann, wie ich bin, erraten könne?“ (Kap. 44, 15) Juda erinnert wieder an ihre frühere Schuld (Kap. 44, 16) und bietet sie alle als Knechte an. Das lehnt Joseph ab, er will nur Benjamin als Knecht da behalten. Darauf bittet Juda um Gehör und legt in einer langen Rede nochmal den ganzen Vorgang von der ersten Begegnung an ausführlich dar, damit endend, daß Jakob sterben würde, wenn Benjamin nicht zurückkehre; er bietet sich selbst an, statt Benjamin als Knecht da zu bleiben. Nun schickt Joseph alle Ägypter hinaus, weint laut und gibt sich seinen Brüdern zu erkennen; er versichert, daß er ihnen nicht zürne, denn

Gott habe ihn vorhergesandt, um sie vor dem Hunger zu erretten (Kap. 45, 5 u. 7). Er lädt sie alle und seinen Vater ein, nach Ägypten zu kommen.

Soweit die biblische Erzählung in ihren Grundzügen des Geschehens, sofern sie für den Vergleich mit den literarischen Gestaltungen in Betracht kommen. Es erhebt sich die Frage: warum vor der Versöhnung die Verdächtigung der Spionage, das Einsperren im Gefängnis und der inszenierte Verdacht des Diebstahls? Diese ist im Bibeltext nicht expressis verbis beantwortet. Die Versöhnung wird mit dem mehrfachen Hinweis auf Gottes Fügung begründet (Kap. 39, 2, 21, 23).

Im Koran (Sure 12) wird die Josephsgeschichte trotz weitgehender Übereinstimmung der Grundstruktur in einzelnen Strukturelementen und Motiven deutlich verändert. Ein Vergleich mit der biblischen und den von mir herangezogenen literarischen Darstellungen wird in meiner Untersuchung nicht vorgenommen. Nur auf eine wesentliche Veränderung sei hingewiesen, weil diese das Zentrum meines Themas berührt, nämlich die Rolle des silbernen Bechers und damit verbunden die Motivierung des vermeintlichen Diebstahls. Bei der zweiten Begegnung in Ägypten gibt sich Joseph im Koran seinem Bruder Benjamin allein zu erkennen, bevor er das Trinkgefäß in dessen Satteltasche steckt (Sure 12, Vers 17), wo es dann gefunden wird. Mit diesem vermeintlichen Diebstahl kann Joseph die Entscheidung begründen, Benjamin da zu behalten und die Brüder ohne diesen jüngsten Sohn zurück zu ihrem Vater zu schicken (Vers 73f.). Und erst, als die Brüder, vom Vater losgeschickt, um nach Joseph und Benjamin zu forschen, wiederum zu Joseph kommen, gibt dieser sich auch ihnen zu erkennen.

2. Vergleich der literarischen Gestaltungen mit der Bibel

Hans Jakob Christoffel von Grimmelshausen

Als erstes soll mit Bezug auf die Bibel Grimmelshausens Roman vorgestellt werden. Der Titel weist sowohl auf die Potipharepisode als auch auf die göttliche Vorsehung hin: „Des vortrefflich keuschen Josephs in Egypten erbauliche, recht auszführliche und viel-vermehrte Lebens-Beschreibung, zum Augenscheinlichen Exempel der unveränderlichen Vorsehung Gottes, so wohl aus heiliger Schrift, als andern der Hebreer, Perser und Araber Büchern und hergebrachter Sage auff das deutlichste vorgestellet und erstesmals mit grosser und unverdroszner Mühe zusammen getragen von Samuel Greifnson von Hirschfeld." In einem vorangestellten Kapitel „Inhalt dieses Buches" wird ebenfalls das Geschehen als göttliche unveränderliche Vorsehung betont (711). Der Neid und die Tat der Brüder werden als Teufelswerk benannt, das aber den göttlichen Plan nicht hindern könne. Joseph wird somit zu einem Werkzeug in diesem Plan. In einem weiteren vorangestellten Kapitel „An den Leser" weist Grimmelshausen nochmal darauf hin, außer der Bibel noch andere Quellen herangezogen zu haben. Ob es sich hierbei um eine fingierte Quellenberufung handelt, bleibt außer Betracht. Unberücksichtigt bleibt ebenfalls die Potiphargeschichte sowie viele andere Details.

Die Träume

Bei Grimmelshausen wird der erste Traum, den Joseph in der Bibel nur den Brüdern berichtet, in Gegenwart der Brüder auch dem Vater erzählt und zwar so, daß Joseph selbst in dem Bericht des Traumes eine Deutung mitliefert: „Mir träumte (...) es hätten sich meiner Brüder Garben vor den meinigen, die auffrecht gestanden, von sich selbsten zur Erden geneigt und niedergeworfen, gleichsam als ob sie die Meinige anbeteten" (718). Jakob erweitert die Deutung: „Dieses bedeutet dir, antwortet Jacob, daß du der beste unter deinen Brüdern seyest und in angefangenen Tugenden standhafftig verharren werdest, weil deine Garben auch auffrichtig stehen blieben. Daß deiner Brüder Garben aber niedergefallen und die Deinige angebetet, bedeutet ihnen nichts anders, als daß sie erstlich vom Tugend-Wege abweichen, eine unverantwortliche That begehen und alßdenn in ihrem höchsten Kummer dich in deinem Glück und Wohlstande umb Hülff und Gnad anflehen werden." (718) Jakob prophezeit damit das künftige Geschehen und wird also in den Plan Gottes mit hineingenommen. In der Bibel dagegen wird Joseph wegen des zweiten Traumes, in dem sich Sonne, Mond und Sterne vor ihm neigen, von seinem Vater Jakob gerügt durch die vorwurfsvolle Frage: „Soll ich und deine Mutter und deine Brüder kommen und vor dir niederfallen?" (Kap. 37, 10). Bei Grimmelshausen wird auch der zweite Traum Josephs, „nemlich, daß Sonn, Mond und eilff Sternen sich vom Himmel gelassen, vor seinen Füssen gedemüthiget und ihn angebetet hätten" (720), von Jakob zu Josephs Gunsten ausgelegt und als Prophezeiung seines zukünftigen Glückes und als göttliche Vorsehung gedeutet: „Dieser Traum bedeutet dir weit ein grössers, als der vorige, denn siehe, es wird die Zeit kommen, daß du nicht allein über deine Brüder erhöhet, sondern auch von Vater und Mutter selbsten geehret und gleichsam angebetet wirst werden. Mich zwar," hängt er ferner dran, „wirds höchlich erfreuen, wenn ich die Ehre habe, dich in solchem glückseligen Stande zu sehen, und wolte Gott, daß diese seine Göttliche Vorsehung nur bald ins Werck gesetzt würde, dieweil ich gewiß weiß, daß solches eigentlich geschen wird." (720). Beide, Vater und Sohn, beschäftigen sich - als die Brüder weggegangen sind - noch einmal gesprächsweise ausführlich mit Josephs Traum und dessen Auslegung. Jakob, überzeugt davon, daß Joseph zu einem großen Herrn (724) werden wird, bittet diesen, „alsdann sey mir und deinen Brüdern behülfflich, wann wir anders, nach Verhängnüß Gottes, deiner Hülffe bedörffen und dich darum anlangen werden" (724). Die Vorsehung wird also bei Grimmelshausen von Anfang an, und zwar von Jakob, für die Untat der Brüder und für Josephs Verzeihung beansprucht, während sie in der Bibel von Joseph selbst erst bei der Versöhnung mit den Brüdern dafür benannt wird.

Angedeutet wird die Erfüllung der Träume in der Bibel dadurch, daß es nach Jakobs strafenden Fragen heißt: „Und seine Brüder beneideten ihn. Aber sein Vater behielt diese Worte" (Kap. 37, 11).

Begegnung auf der Weide

In der Bibel wird Joseph von seinem Vater zu seinen Brüdern, die das Vieh weiden, geschickt. Als diese ihn kommen sehen, beschließen sie, ihn zu töten. Ruben ist dagegen und will ihn retten. Das mißlingt. Auf Judas Vorschlag wird er an eine Karawane verkauft, die ihn nach Ägypten bringt. Diese Fakten übernimmt Grimmelshausen; er schildert jedoch Rubens Rettungsversuch, der in der Bibel knapp in zwei Versen (Kap. 37, 21f.) berichtet wird, mit einer ausführlichen Vor- und Nachgeschichte. Zunächst versucht Ruben in einer längeren Rede, den Brüdern den beschlossenen Brudermord auszureden mit Hinweis auf das dem Vater damit zugefügte Leid, das diesen töten würde und die Anspielung auf ihr eigenes Gewissen, das sie martern und peinigen würde. Als er erkennt, daß seine Vorhaltungen und Argumente nichts nützen, beschließt er, Joseph durch eine List zu retten, die jedoch mißlingt. Er schlägt vor, Joseph, ohne ihn zu verletzen, in eine Grube hinabzulassen, aus der er ihn heimlich herausholen und ihn seinem Vater zurückbringen wollte. Als Joseph in der Grube ist, entfernt sich Ruben unter dem Vorwand, eine andere Weide zu suchen. Während Rubens Abwesenheit wird Joseph auf Judas Rat hin an eine Karawane verkauft. Bald danach bereuen die Brüder, „was vor ein schlimmes Stück sie ihrem Bruder erwiesen hatten" (753). Als Ruben, mit einer Leiter ausgerüstet, nachts zu der Grube kommt und Joseph anruft, antwortet nur ein Echo. Auch nach wiederholten Fragen nach Krankheit oder Tod des Bruders vernimmt Ruben nur das Echo, so daß er schließlich Josephs Tod vermutet und bestürzt von dieser Vermutung gegen Gott murrt, der solches zugelassen habe und am Morgen die ankommenden Brüder beschimpft. Diese berichten ihm, daß Joseph lebe und verkauft worden sei; zum Beweis zeigen sie das Geld vor. Ruben speit auf das Geld und sagt: „ihr habt übel gethan, daß ihr den Unschuldigen verkauft habt (...) Gott wird den Joseph nicht verlassen und ich versichere euch, (...) daß doch endlich die Steine reden und eure Verbrechen an Tag bringen werden" (736). Zu Jakob zurückgekehrt, lügen die Brüder ihrem Vater vor, Joseph sei von wilden Tieren zerrissen worden (737).

Begegnungen in Ägypten

In der biblischen Darstellung wird Joseph von der Ankunft seiner Brüder überrascht. Bei Grimmelshausen verkündet Josephs Hausmeister Musai seinem Herrn ihre Ankunft. Und da er beim Verkauf Josephs dabei war und weiß, was die Brüder mit Joseph angestellt haben, erbietet er sich voller Empörung, die Rache zu vollziehen: „Herr! die leichtfertigen Vögel, die Caldeer, die Schelmen, so meinen Herrn hiebevor in der Wolffsgrube gehabt und der Caravan verkaufft haben, seynd all neun und noch einer darzu vorhanden,

Getreid zu kauffen. Will mein Herr, so will ich den Blutdieben allen miteinander die Häls zerbrechen und dich an den Mäüßköpffen dergestalt rächen, daß sie der Teuffel holen soll" (817). Joseph widerspricht ihm und sagt, daß ein weiser Mann, als ein solcher habe sich Musai bisher erwiesen, sich nicht durch Zorn oder Rache überwinden lassen solle. Er erinnert ihn daran, daß er, Joseph, in der Komödie mit den Räubern, (s.u. 24) in der er die Karawane rettet, den Räubern befohlen habe, die Brüder, die ihn verkauft hatten, zu verschonen, und zwar darum, damit die Vorsehung Gottes sich erfüllen könne. Denn diese habe durch den Verkauf zu seinem, Josephs gegenwärtigem Stand und somit auch zu Musais Glück geführt. Als Joseph jedoch die Brüder durch Musai als Dolmetscher verhört, wirft er ihnen vor, sie seien Verräter, und er lese an ihren Stirnen ab, „daß ihr entweder ein groß Schelmenstück begangen oder, eins zu begehen, noch im Sinn habt" (819). Mit diesem Verdacht spielt Joseph zum ersten Mal auf die Tat der Brüder an.

Der Verdacht wird durch Musais Aussage bestätigt, die dieser – gemäß vorher getroffener Verabredung mit Joseph – jetzt auf dessen Wink vorbringt, nämlich: er, Musai, erinnere sich, sie vor ungefähr zwanzig Jahren gesehen zu haben, als sie der Karawane „einen schönen Jüngling verkaufft" (820) hätten, so daß er sie für Menschendiebe halte. Die Brüder erblassen und „Ihr Zittern bekannte die That" (820). Ruben weist nun auf den Zusammenhang der Tat – an der er unschuldig ist – mit dem Verdacht und der Ungnade des Statthalters hin: „Hab ich euch nicht gleich damals gesagt, wann schon alle lebendige Creaturen euer lästerlich That verschweigen, so würden doch die Stein reden und Rach über euch schreyen" (820). Und er wiederholt diesen Vorwurf, als sie im Gefängnis sind und Simeon gefangen bleiben soll bis zu ihrer Wiederkehr mit Benjamin: „Merckt ihr, sagt Ruben auff Hebreisch, daß die billiche Rach GOttes, so wegen der schrecklichen That, die ihr an unserm unschuldigen frommen Bruder begangen, über uns kompt? Jetzt könt ihr Augenscheinlich sehen, daß wir seinetwegen gestraft werden, indem wir darumb vor unehrliche Leut gehalten werden, weil ihr ihn verkaufft habt" (821). Die Brüder „heuleten und bereueten ihre Mißhandlung" (822). Ruben also, der nicht an der Tat beteiligt war, bringt bei Grimmelshausen die Brüder durch seine wiederholten Vorwürfe zur Reue. In der Bibel dagegen kommen die Brüder untereinander von selbst, ohne daß sie von Ruben an ihre Missetat erinnert werden, auf den Gedanken, daß sie jetzt für ihre frühere Schuld gestraft werden (Kap. 42, 21): „Sie aber sprachen untereinander: das haben wir an unserm Bruder verschuldet, daß wir sahen die Angst seiner Seele, da er uns anflehte, und wir wollten ihn nicht erhören; darum kommt nun diese Trübsal über uns". Und erst dann bekräftigt Ruben ihre Meinung (Kap. 42, 22). In dem biblischen Bericht fühlen die Brüder sich schuldig. Bei Grimmelshausen werden sie von außen, durch Musais Zeugenschaft und Rubens Vorwürfe zu Einsicht und Reue geführt. In der Bibel ist innerlich eine Wandlung mit ihnen vorgegangen, die sie ihre Schuld einsehen läßt, wodurch die Versöhnung in gewisser Weise vorbereitet und eingeleitet wird.

Bei der zweiten Begegnung meldet Musai bei Grimmelshausen wiederum die Ankunft der Brüder und verkündet, daß sie ihren jüngsten Bruder und auch Geschenke mitgebracht haben. Joseph zeigt sich von der Ehrlichkeit ihres Berichtes über den Vater und seinen jüngsten Sohn überzeugt. Er lädt sie zu einem Festmahl ein, bei dem, anders als in der Bibel, auch Josephs Frau Asnath zugegen ist und sich viel mit den Brüdern unterhält. Als die Brüder, „vom Trunck etwas erwärmt" (829) „den Abgang ihres Bruders Joseph" bejammern und andeuten, was sein Verlust für ihren Vater bedeutet hat, wundert sich Asnath, daß solche tugendhafte Verwandte ihren Joseph verräterisch verkauft haben sollten; und sie erklärt sich das durch die göttliche Vorsehung (829). Nachts steckt Musai wieder das Geld in die Säcke und in Benjamins Sack den silbernen Becher. Am nächsten Morgen ziehen die Brüder singend davon, froh darüber, Simeon und Benjamin nebst Getreide und den Grüßen des Statthalters dem Vater zu bringen. Dann jagt Musai mit Josephs Leibgarde ihnen nach und beschuldigt sie voller Zorn und Beschimpfungen des Diebstahls und des Undanks. Als der Becher in Benjamins Sack gefunden wird, läßt Musai Benjamin binden, heißt die Brüder weiterzuziehen und verkündet: „dieser Dieb muß noch heut hangen" (834). Die Brüder kehren jedoch mit zu Joseph zurück. Bei Joseph angekommen, fallen sie vor ihm nieder; Juda bietet sie alle als Knechte an. Das nimmt Joseph nicht an. Nur Benjamin, bei dem der Becher gefunden wurde, will er als Knecht behalten, die übrigen sollen zu ihrem Vater ziehen. Nun nimmt Juda das Wort und wiederholt in einer ausführlichen Rede den Hergang von der ersten Begegnung an und schließt mit dem Angebot, ihn statt Benjamins als Knecht zu behalten, denn Jakob würde vor Kummer sterben, wenn sie ohne Benjamin zurückkehrten.

Im Vergleich zur Bibel ist bei Grimmelshausen also sowohl der Vorwurf des Diebstahls als auch die angekündigte Bestrafung des vermeintlichen Diebes verschärft. In der Bibel sagt der Haushalter auf Josephs Geheiß hin nur: „warum habt ihr Gutes mit Bösem vergolten? (...) Ihr habt übel getan." (Kap. 44, 4f.). Bei Grimmelshausen schreit Musai zornentbrannt: „Holla, ihr leichtfertige Dieb (...) ist das die Danckbarkeit, die ihr meinem Herrn vor seine erwiesene Gutthaten erzeigt? Hat euch euer Vater geschickt, denjenigen zu bestehlen, der euch so freundlich gastirt? Oder ists der Gebrauch in eurem Land, daß man ehrliche Leut, die jemand so gutherzig bewirthen, so belohnet, wie ihr thut? Geschwind gebt uns den Dieb samt dem Diebstahl wieder heraus! oder wir wollen euch alle mit einander auff der Stelle niedersebeln" (832). Die Brüder sind zerknirscht und folgen verzweifelt dem gefesselten Benjamin mit dem

Vorsatz, „mit ihrem unschuldigen Benjamin zu leben und zu sterben, weil sie (sich) ohne ihn vor ihres Vaters Angesicht nicht mehr zu erscheinen getrauten“ (834). Ihre auf diese Weise bewiesene Solidarität mit Benjamin zeigt zwar, daß sie sich ihrem Bruder Benjamin gegenüber anders verhalten als seinerzeit gegenüber dem unschuldigen Joseph; jedoch wird ihre Haltung durch die Motivierung eingeschränkt, daß sie diese aus Rücksicht auf den Vater einnehmen. Solche Rücksichtnahme ist an sich positiv zu werten und geht auf ihre Erfahrung zurück, was damals Josephs angeblicher Tod für den Vater bedeutet hatte. Nicht erwähnt wird hier, ob auch die Bruderliebe eine Rolle dabei spielt.

Während in der Bibel Joseph sich unmittelbar nach Judas Rede seinen Brüdern zu erkennen gibt und seine Versöhnung beteuert (Kap. 45, 1ff.), findet in Grimmelshausens Roman vor der Versöhnung eine förmliche und ausführliche Gerichtsverhandlung statt, bei der Musai als Kläger und Joseph als Richter fungieren. Die Brüder glauben zwar nicht an Benjamins Diebstahl. Da dieser jedoch de facto erwiesen scheint und sie sich in der Gewalt von Kläger und Richter befinden, bitten sie um Gnade (834). Josephs Richterspruch lautet Tod durch den Strang. Die Brüder sind verzweifelt, Juda will anstelle des Beklagten sterben. Ruben ruft auf hebräisch – nicht wissend, daß Joseph ihn versteht –: „Ach Joseph! umb wieviel seliger bist Du weder wir! Ach Du seyest todt oder lebendig, so bist Du doch des Schmertzens überhoben, indem du nicht weist, daß dein Bruder so unschuldig eines so schändlichen Tods stirbt“ (835). Mit diesem Ausruf ist auf die Parallelität von Josephs und Benjamins Situation hingewiesen: beide sind unschuldig gefesselt und Gefangene. Grimmelshausen gibt hier einen Erzählerkommentar zu Josephs Rolle des strengen Richteramtes: „Mich wundert selber, wie Joseph damal seiner Brüder Wehemuth ohne Vergiessung der Zähren ansehen und ertragen mögen.“ (835) Joseph jedoch gibt sich noch unbeeindruckt. Er weist auf die Billigkeit des Urteils nach dem Landesgesetz hin und darauf, wie er sie alle als Freunde und Gäste empfangen und behandelt und fürstlich bewirtet habe, alles um ihres alten Vaters willen. Obwohl sie seine Gnade und Gutwilligkeit übel gelohnt hätten, lasse er die, „die ich unschuldig zu seyn vermeine" (835) mit königlichem Geleit nach Hause ziehen. Und er schließt seine Rede: „aber der Dieb, so mich bestohlen, muß hangen, und solten seiner Häls tausend seyn, dann es ist nicht Herkommens in Egypten, solcher Laster ungestrafft hingehen zu lassen" (835f.). Hierzu wieder der Erzählerkommentar: „Also stellete sich Joseph, den unschuldigen liebsten Bruder zu straffen und die Schuldigen, so ihn hiebevor beleidigt, frey zu geben" (836). Die Prüfung der Gesinnung der Brüder, die Joseph mit der Gerichtsverhandlung vornimmt, ist noch nicht beendet. Juda nimmt das Wort und gibt zu, daß das Urteil untadelhaft sei. Um trotzdem dagegen anzugehen weist er in seiner Argumentation wieder auf ihren alten Vater hin, der bei der Nachricht von Benjamins Tod ebenfalls sterben würde. Er bittet also um Barmherzigkeit für den Vater, wenn ihr Bruder deren unwürdig sei. Und er fährt mit sophistisch anmutender Beweisführung fort: Josephs Gnade und Güte, die er in der Zeit der Teuerung und des Mangels vielen Ländern erweise, würde unvollkommen sein, wenn er „Eines Übertrettung halber" zwei töten würde. „Was Lob, gnädiger Herr! wird es dir bringen, wann man sagen wird, du hättest unsern Vatter zwar durch deine Gutthat vorm Tod des Hungers errettet, aber hernach durch allzu scharffe Folg der Gerechtigkeit ihne zu einem viel erbärmlichern Sterben befürdert? Wird solche Nachred nicht den Ruhm deiner Gutthätigkeit verdunckeln?" (836) Um dieser Bitte Nachdruck zu verleihen, bittet er um Milderung des gerechten Urteils zu ewiger Dienstbarkeit, und dann anstelle Benjamins ihn, Juda, oder einen anderen für die Dienstbarkeit anzunehmen. Als weitere Variante bietet er eine Geldstrafe an. Er schließt sein Verteidigungsplädoyé mit dem Hinweis, daß Joseph durch Ausübung seiner rechtmäßigen Gewalt mit Gnade und Barmherzigkeit sich Gott gleichförmig (837) mache. Aber Joseph hat die Prüfung noch nicht beendet; er lehnt Judas Angebot mit dem Argument ab: er könne nicht einen Unschuldigen strafen und den Schuldigen frei lassen. Ruben wirft immer wieder den Brüdern die an Joseph begangene Tat vor, womit der Erzähler die Parallelität betont. Und als er glaubt, daß Joseph Judas Bitte um Gnade sowohl als dessen Vorschläge zur Milderung oder Änderung des Richterspruches ablehnt und das Urteil vollstrecken lasse, unternimmt er, Ruben, einen neuen letzten Versuch zur Rettung Benjamins, indem er behauptet, er, Ruben, habe den Becher gestohlen und ihn dem Bruder heimlich untergeschoben. Also möge Joseph ihn strafen und den unschuldigen Benjamin freilassen (837). Aber auch darauf geht Joseph nicht ein. Er verkündet, daß er dann beide hängen lassen müsse, damit er den Rechtschuldigen nicht verfehle, denn hinter jenem ist der Diebstahl gefunden worden „und du hast, den Diebstahl gethan zu haben, selbst bekant" (837f.).

Erkennen und Versöhnung

Doch dann brach Joseph doch sein Herz (838), er schickt seine Leute weg und fängt an zu weinen. Die Prüfung der Gesinnung der Brüder ist beendet. Joseph verkündet, jetzt auf hebräisch, das Ergebnis: „Die Tugend und Gottesfurcht, die ihr neben der Lieb zu euerm Bruder scheinen lasset, ist grösser, als ich mir eingebildet hab" (838) und gibt sich endlich zu erkennen mit den Worten: „Ich bin Joseph euer Bruder" (838). Seine inszenierte Anschuldigung und die Gerichtsverhandlung begründet er damit, daß er habe herausfinden wollen, ob sie mit Benjamin wie seinerzeit mit ihm umgehen würden. Er habe ihre Redlichkeit erkannt und wisse nun, daß das, was sie ihm damals angetan hätten, nicht aus Böswilligkeit geschehen sei, sondern durch die Göttliche Vorsehung also verordnet worden (838). Darum sollten sie sich also nicht betrüben und schämen. Vielmehr sollten sie Gott danken, daß er ihnen den Einfall, ihn zu verkaufen, eingegeben habe. Das aber gelingt den Brüdern nicht gleich. Josephs Gutwilligkeit bereitet ihnen innerlich Pein (839). Joseph muß sie trösten, er sagt: wenn sie nicht aufhörten zu weinen, so müßte er daraus schließen, daß sie ihm sein Glück mißgönnten. (839)

Durch den Hinweis auf Gottes Fügung ist Joseph die Versöhnung leicht gemacht. Was den Brüdern als Bestrafung und Vergeltung erschien, und zwar als verdiente Vergeltung, da sie ihre Tat bereuten, wird von ihm als Prüfung der brüderlichen Gesinnung veranstaltet. Denn vergeben hat er ihnen von Anfang an, als er Musais angebotene Rache zurückweist. Es findet demnach keine Bestrafung statt, sondern nur eine Prüfung, ob sie der Vergebung würdig sind.

Grimmelshausen hat die biblische Erzählung zu einem Abenteuerroman aus- und umgestaltet mit einer moralisch-christlichen Tendenz. Er erweitert und verwandelt die Geschehnisse, fügt Details, Exkurse und Episoden hinzu. Nur eine solche Episode sei hier berichtet (740ff.): Als die Karawane mit Joseph davonzieht und die zurückbleibenden Brüder nicht mehr zu sehen sind, begegnet ihr eine Räuberschar, die die Karawane angreifen wollte. Von der Überzahl der Räuber geängstigt, verlieren die Angehörigen der Karawane den Mut zur Verteidigung durch Kampf. Da ersinnt der Perser Musai, der spätere Hausmeister Josephs, eine List, durch die die Karawane gerettet wird. Er läßt Joseph, dessen Schönheit sie alle bewundern, ein mitgeführtes königliches Kleid anziehen, setzt ihm eine Krone auf und stellt ihn den Räubern als Gott Apollo vor, der sie begrüßt und zu sich bittet. Und es gelingt tatsächlich, durch die Ausgestaltung dieser Komödie die Räuber zu täuschen und zu beeindrucken und dadurch die Karawane zu retten, wobei der Schönheit Josephs, die „mehr als übermenschlich geschätzt wurde" (743), ein gut Teil des Erfolges zugeschrieben wird. Als „die Räuber durch solchen Betrug abgefertigt waren" (742), gab Joseph - noch in seiner Verkleidung als Apollo - den Räubern Befehl, „daß sie der Hirten in selbiger Gegend verschonen solten, damit er seine ungetreue (sic!) Brüder, die seiner doch so gar nicht geschonet hatten, und seines getreuen Vatern Heerde vor ihnen versicherte" (742). Die Motivierung dafür stellt die göttliche Fügung dar, in die sowohl die Tat als auch die Reue der Brüder und Josephs Versöhnung integriert sind. Auch die oft beschworene christliche Gesinnung ist in den göttlichen Plan eingebunden.

Scheinbar im Widerspruch zu diesem Plan und dessen Prophezeiung durch Jakobs Auslegung der Träume stehen Judas und Ruben, die beide, in der Absicht, den Zorn der anderen Brüder zu mäßigen (719) die Traumdeutung in Frage stellen. Judas erklärt Josephs Traum aus dem Tagesgeschehen und hält Traumgläubigkeit für eine Torheit. Jakobs Prophezeiung spielt er herunter: „Daß nun der Vater eine Prophezeiung daraus mache, da müsse man ihn reden lassen, sein Alter ehren und ihm zugeben" (719). Ruben erzählt einen eignen Traum und demonstriert daran, daß Träume und ihre Auslegungen ungewiß und betrüglich seien (719). Obwohl beide hiermit Zweifel an der göttlichen Fügung äußern, sind sie selbst jedoch an der Erfüllung des göttlichen Planes beteiligt, indem sie die Tötung Josephs durch die anderen Brüder verhindern.

Goethe, der sich - wie er in „Dichtung und Wahrheit" (WA I 26, 220f.) berichtet - mit dem Josephsstoff der Bibel beschäftigt hat und eine Bearbeitung plante, sagt dazu: „Höchst anmuthig ist diese natürliche Erzählung, nur erscheint sie zu kurz, und man fühlt sich berufen, sie in's Einzelne auszumahlen." (WA I 26, 222). Letzteres hat Grimmelshausen getan.

Altonaer Joseph

Die in der Forschung umstrittene Autorschaft von Goethes vermeintlicher Jugenddichtung mit dem Titel „Joseph“ bleibt hier unerörtert (s. 77). Meine Untersuchung stützt sich auf folgende Ausgabe: „Joseph. Goethes erste große Jugenddichtung wieder aufgefunden und zum ersten Male herausgegeben von Paul Piper. Faksimile-Ausgabe. Hamburg 1920“. Dieses Epos, der sogenannte „Altonaer Joseph“, besteht aus erzählenden Partien, Dialogen, Monologen und Liedern und wechselt zwischen gereimten Alexandrinern und kürzeren Versen mit unterschiedlichem Rhythmus.

Die Träume

Joseph erzählt den Garbentraum im Gespräch mit Simeon und - wie in der Bibel - den andern Brüdern; diese deuten den Traum dahin, daß Joseph über sie regieren wolle und verweisen ihm das als „liebloß“ (Vers 83). Joseph weist die Deutung zurück und erzählt den Sternentraum, den er in der Bibel dem Vater und den Brüdern erzählt, ebenfalls nur den Brüdern, die diesen Traum auch dahin deuten, daß er über sie regieren wolle, was sie dem Vater sagen wollen. Die Söhne berichten Jakob Josephs Träume in umgekehrter Reihenfolge, zuerst den Sternentraum und dann den Garbentraum. Darauf ermahnt Jakob Joseph zur Demut:

> „Nein mein Sohn zum hohen Wesen,
> bist du gar nicht auserlesen
> Bleibe bey den Schäferstab,
> und steh von den Hochmuth ab“
>
> (Vers 233ff.)

Joseph verteidigt seine Träume, für die er nichts könne, Jakob schickt die Brüder auf die Weide und behält Joseph bei sich. Als er allein ist, bedenkt er noch einmal Josephs Träume und glaubt an ihre Erfüllung, da sie von Gott kämen, der auch ihn durch Träume „oft geleitet" habe (Vers 270). Diese Reaktion Jakobs entspricht der in der Bibel insofern, als dort Jakob auch den Sohn wegen seiner Träume rügt, aber „er behielt diese Worte" (Kap. 37, 10f.), was im „Altonaer Joseph" als Prophezeiung Gottes interpretiert ist. Bei den Söhnen verstärken sich Haß und Neid auf Joseph wegen des Vaters Gunst. Einen dritten Traum, der in der Bibel nicht erwähnt ist, hat Joseph unterwegs zu den Brüdern (s.u. 26).

Begegnung auf der Weide

Joseph wird von seinem Vater zu den Brüdern geschickt, um „nach ihren (sic!) Wohlstand" (Vers 311) zu sehen. Unterwegs träumt er, daß Wölfe auf ihn losspringen und deutet dies als der Brüder „hämisches Beginnen" (Vers 385). Als die Brüder ihn kommen sehen, ist Simeon entschlossen: „Daß Joseph heute noch sein Leben laßen muß" (Vers 470). Anders als in der Bibel, wo es keinen Wortwechsel zwischen den Brüdern und Joseph gibt, sondern nur Taten auf Seiten der Brüder - sie ziehen Joseph seinen bunten Rock aus und werfen ihn in die Grube - geht das Geschehen im „Altonaer Joseph" keinesfalls sprachlos vor sich. Dem von Simeon verkündeten Entschluß stimmen Levi, Juda und Isaschar zu; Sebulon fragt, was sie dem Vater sagen wollen. Dan antwortet, daß er von einem Wild zerrissen sei. Naphtali ist dagegen:

> „Ach Brüder lasset dieß, wir thun hier grosse Sünden
> Wir können nimmer mehr davor Vergebung finden"
> (Vers 494f.)

Gad widerspricht und stimmt für Josephs Tod, Asser ebenfalls. Ruben, der abwesend war, kommt und fragt, was sie beschließen wollen. Die Brüder verkünden den Entschluß: „Nun sind wir alle eins

Ihm heute umzubringen" (Vers 525). Ruben ist erschrocken und sagt: „Um Gottes Willen nicht" (Vers 527) und überlegt, wie er ihn retten könne, er warnt, kein Blut zu vergießen und nicht Brudermord zu begehen. Simeon beharrt darauf, Joseph zu töten. Darauf schlägt Ruben vor, Joseph gefesselt in eine Grube ohne Wasser hinabzulassen. Dem stimmen die Brüder zu. Bei seiner Ankunft spricht Joseph die Brüder freundlich an. Diese jedoch verkünden ihm das Todesurteil. Trotz seiner Tränen, Bitten und Flehen fesseln sie ihn und lassen ihn in die Grube hinab. Joseph betet zu Gott (27f.). Die Brüder zeigen keinerlei Reue. Ruben geht weg, vorgeblich um nach den Schafen zu sehen. Als eine Karawane vorbeikommt, schlägt Juda vor, Joseph an diese zu verkaufen; dem stimmen die anderen zu. Juda zieht Joseph aus der Grube und teilt ihm mit, daß er verkauft werden soll. Joseph dankt den Brüdern, daß sie ihm das Leben wiedergegeben haben und bittet sie, ihm auch die Freiheit zu geben:

„O brüder schenckt ihr mir mein Leben,
so müst ihr mir auch freyheit geben"
(Vers 928f.)

Die Brüder stellen ihn vor die Wahl: Knechtschaft oder Tod. Joseph entscheidet sich für ersteres:

„O schlimme Wahl die mir jetzund wird
vorgeleget
Die Freyheit ist sehr schön wenn man es
überleget
Das Leben ist mir lieb, um dieses zu erhalten
Muß ich die Sclaverey nur wehlen u. verwalten"
(Vers 954–57)

Nach kurzem Handeln um den Preis wird Joseph für 20 Silberlinge an die Midianiter verkauft. Diese lesen aus den Linien seiner Hand heraus, daß er „dereinst ein grosser fürst auf Erden" werde (Vers

981) - eine in der Bibel nicht vorhandene Prophezeiung. Die Brüder sehen darin eine Übereinstimmung mit seinen Träumen. Die Midianiter trösten den betrübten Joseph, indem sie ihm versprechen, ihn beim Weiterverkauf an einen gütigen Herrn zu bringen. Dies Versprechen, wofür Joseph sich im Voraus bedankt, hilft ihm, seinen Kummer zu überwinden, so daß er aufmerksam auf die in Sicht kommenden Türme der Stadt Memphis blickt. Trotz des Verhaltens der Brüder zeigt Joseph keinerlei Feindschaft gegen sie; denn es heißt, als die Brüder mit dem Geld von dannen ziehen: „Dis quälete ihn sehr, von freunden abzuscheiden" (Vers 1000).

Joseph kommt nach Ägypten und wird infolge der Deutung von Pharaos Träumen zum Fürst und Verwalter in Ägypten ernannt. Pharao verheiratet ihn mit Asnath.

Begegnungen in Ägypten

Als die Brüder nach Ägypten kommen, um Korn zu kaufen, erkennt Joseph sie gleich und ist gerührt. Er erklärt sie jedoch für Spione. Sie streiten dies ab und erzählen von ihrem Vater, seinen zwölf Söhnen, von denen einer „verlohren" (Vers 279) sei und der jüngste zu Hause geblieben sei. Joseph will diesen Jüngsten sehen als Probe für die Richtigkeit ihrer Aussage. Er läßt sie drei Tage gefangen halten. Dies wird in dem eingefügten Lied als Vergeltung interpretiert:

Nun wird zum Theil die Angst vergolten
Die Sie dem Joseph angethan
Hier ängstet sie mit recht der fromme Mann
Beschuldigt sie mit dem wofor sie ihm
gescholten
Sie ließen in der grub ihn sitzen
Jetzt müssen sie in banden schwitzen
Darum muß jeder Mensch bey allen Sachen

Auf dem Vergeltungsrecht sich rechnung
machen (Vers 316f.)

Wie in der Bibel denken auch hier die Brüder in der Gefangenschaft an ihre frühere Schuld (Vers 328). Nach drei Tagen werden sie frei gelassen bis auf Simeon, der als Geisel zurückbehalten wird. Sie erhalten Korn und Joseph verspricht ihnen „Gnad und Gütigkeit" (Vers 370), wenn sie mit dem jüngsten Bruder wiederkommen. Die Brüder sehen das gegenwärtige Geschehen als gerechte Strafe für das an, was sie damals Joseph angetan (111f.). Ruben bekräftigt das. Joseph, der dies hört, geht weg und weint. Zu dem Getreide wird das Geld in ihre Säcke getan. Einer findet dies bereits unterwegs, die andern erst zu Hause bei Jakob. Als die Brüder zum zweiten Mal nach Ägypten kommen, wollen sie das Geld dem Verwalter zurückgeben, was dieser ablehnt. Simeon kommt zu ihnen. Joseph ist vergnügt bei ihrem Anblick und lädt sie zum Essen ein. Als er Benjamin begrüßt, geht er weg und weint. An der Tafel läßt er sie nach ihrem Alter setzen, worüber sie sich wundern. Joseph überlegt, ob er sich jetzt entdecken solle (Vers 1134), beschließt aber, sie noch einmal zu erschrecken:

Und weil er sie zuletzt noch recht erschrecken
wolte
Sprach er ins jüngsten Sack da soll mein
Becher stehn
Bey diesen wolte er noch einst ihr Hertz
probiren
Ob ihnen Benjamin auch so verhasst wie er
Und ob sie ihn im Stich auch ließen zu
bespüren
so klug und witzig war der weise fürst und herr
(Vers 1140ff.)

Auf dem Heimweg verfolgt und erreicht sie der Haushalter und spricht sie zornig an, er wirft ihnen Undank vor, weil sie des Fürsten Trinkbecher entwendet hätten (S. 136). Juda weist die Beschuldigung zurück mit dem Hinweis auf ihre Ehrlichkeit, da sie das in den Säcken gefundene Geld zurückgeben wollten und bietet dies erneut an (S. 137). Der Haushalter beharrt auf der Beschuldigung, da niemand anders beim Essen im Saal gewesen sei, und wirft ihnen Verstellung vor. Um ihre Redlichkeit zu bekräftigen, sagt Juda im Namen aller Brüder:

> Bey wem der Becher wird in seinen Sack
> gefunden
> Der soll des Todes seyn in diesen Augenblick
> Wir andern werden Knecht gleich an von
> diesen Stunden
> (Vers 1190ff.)

Dem widerspricht der Haushalter und antwortet, nur der, bei dem der Becher gefunden wird, sei Knecht, die andern sollen frei bleiben: „Den Unrecht thue ich nicht, mein Herr der handelt recht“ (Vers 1197). Als der Becher bei Benjamin gefunden wird, zeigen sich gleich alle Brüder solidarisch mit ihm: „Sie waren ins gesampt um Benjamin in Leid“ (Vers 1221). Als sie alle zu Joseph zurückkommen, klagt dieser sie des Undanks an (S. 139). Juda bietet sie alle als Knechte an, Joseph lehnt dies ab und will nur Benjamin als Knecht behalten (Vers 1266). Daraufhin wiederholt Juda in einer ausführlichen Rede - wie in der Bibel - noch einmal das Geschehen von ihrer ersten Ankunft an und bittet um Gnade. Nun schickt Joseph die Ägypter hinaus, weint und gibt sich als Bruder zu erkennen (Vers 1368). Die Brüder fürchten Strafe, Joseph beteuert, daß er nicht erzürnt sei und weist darauf hin, daß Gott „es so geschickt“ habe (Vers 1394). Die Brüder sind beschämt, Joseph wiederholt, daß alles vergeben sei. Joseph lädt die Brüder ein, mit dem Vater wiederzukommen und in Ägypten zu bleiben.

Die Brüder empfinden des Regenten Verhalten als Vergeltung und Strafe. Joseph jedoch geht es um Prüfung ihrer Gesinnung gegenüber Benjamin als Parallele ihrer früheren Gesinnung ihm gegenüber, wie bei dem inszenierten Diebstahl als Begründung dafür dargelegt wird (s.o. 29) und um Eingeständnis ihrer Schuld (S. 108). Als Joseph sich zu erkennen gibt, fürchten die Brüder wiederum Strafe von ihm:

> „Lebt Joseph dachten sie wie will es uns
> ergehn
> Lebt Joseph so wird er in schwere Straf uns
> bringen"
> (Vers 1373f.).

Erst nach Josephs wiederholten Beteuerungen, daß er nicht erzürnt sei, daß Gott alles so gefügt habe, daß alles vergeben und vorbei sei, gelingt es ihnen, ihre Scham zu überwinden und den dargebotenen Versöhnungskuß anzunehmen. Aber obwohl es danach heißt:

> „Das angethane Leid, war gäntzlich ausgesöhnet"
> (Vers 1507),

folgt am Schluß die Ermahnung :

> Sie solten ja nicht mehr so krumme Wege
> gehn
> Den sprach er endlich wird das böse doch
> belohnet
> Die Strafe wird so lang verschoben als es will
> Drum übet euch daß euch ein solcher Geist
> bewohnet

Der immer gutes thut, und lebet in der Still"
(Vers 1514ff.).

Und beim Abschied werden sie nochmal gewarnt: „das jeder Zanck und Neid aus seinen Sinne bann" (Vers 1586), und wie in der Bibel bekommen sie für die Reise den Wunsch mit: „hört zancket euch nun ja nicht auf dem Wege" (Vers 1587).

Im „Altonaer Joseph" ist das Geschehen aus der Bibel im wesentlichen übernommen; dieses wird jedoch nicht nur - wie in der Bibel - berichtet, sondern begründet und erklärt.

Die sehr ausführliche und oft weitläufige Schilderung in 2066 Versen des in der Bibel in novellistischer Kürze berichteten Geschehens wird in dem Versepos durch eingefügte interpretatorische und argumentatorische Partien erreicht. An einem Beispiel sei das noch einmal beleuchtet: Der Zusammenhang zwischen dem, was die Brüder einst auf der Weide Joseph angetan haben mit dem, was jetzt Joseph mit ihnen veranstaltet, wird zuerst in einer eingefügten „Aria" (Vers 316 ff.) - s.o. 29. - dargelegt und dadurch dem Leser mitgeteilt, bevor die Brüder selbst im Gefängnis an ihre frühere Schuld denken (S. 108f.).

Thomas Mann

Die Träume

In Thomas Manns dreibändigem Roman „Joseph und seine Brüder" - entstanden seit 1926 - werden drei von vielen Träumen Josephs geschildert. Den ersten, den „Himmelstraum", (Bd. 1, 457–468) - der in der Bibel nicht erwähnt ist - erzählt Joseph nur seinem Bruder Benjamin. Darin trägt ein Adler Joseph in die Lüfte bis in den „Obersten Himmel" (Bd. 1, 463), ein König gibt ihm ein „herrlich Gewand" (466f.) und nennt ihn „Der kleine Gott" (467); als Benjamin fragt, ob Joseph auf ewig verherrlicht in den Höhen geblieben sei und gar nicht an ihn und die Seinen gedacht hätte (468), antwortet Joseph, er sei ein wenig verwirrt gewesen „ob all der Willkür und Gnadenwahl" und fügt hinzu: „Aber über ein kleines, des bin ich gewiß, hätte ich euer gedacht und euch nachkommen lassen" (468). Dann ermahnt er Benjamin, keinesfalls dem Vater oder gar den Brüdern von seinem Traum zu erzählen, „denn sie könnten mir's schief auslegen" (468). Benjamin verspricht, nichts davon auszuplaudern und bittet seinerseits Joseph warnend, daß auch dieser sich hüten solle, von seiner Erhöhung zu erzählen, die er, Benjamin, für „angemessen" hält. „Aber den Vater möcht' es mit Sorge betrüben nach seiner Art, und die Brüder würden spucken und speien vor Mißbilligung und dich's entgelten lassen in ihrer Scheelsucht. Denn es sind Grobiane vor dem Herrn, das wissen wir beide" (468). Benjamin also weiß von dem Neid der älteren Brüder auf Joseph und befürchtet, daß dieser durch dessen Träume verstärkt würde. Hiermit ist das künftige Geschehen - zunächst ohne Beanspruchung eines göttlichen Planes - bereits an - und vorausgedeutet: Josephs Erhöhung, das prächtige Kleid, der Neid der Brüder, und daß er schließlich diese und den Vater nachkommen läßt.

Als zweites erzählt Joseph den „Garbentraum", wie in der Bibel, seinen Brüdern. Bei Thomas Mann wird jedoch die Gesprächssituation zeitlich und örtlich konkret und anschaulich dargestellt, nämlich auf dem Felde in der Mittagspause, nachdem sie alle gemeinsam Garben gebunden haben. Die Reaktion der einzelnen Brüder ist detailliert geschildert. Die Brüder wollen zuerst den Traum gar nicht hören, weil es sie nichts anginge. Als Joseph widerspricht und ankündigt, daß sie alle darin vorkämen, fragt schließlich einer der Brüder, Ascher, aus Neugier, ob Joseph „in Kürze" seinen Traum berichten solle (Bd. 1, 505). Ruben versucht vergeblich, das zu verhindern, denn „ihm ahnte nichts Gutes" (506). Joseph erzählt nun, aber keinesfalls „ohne Umstände", wie er aufgefordert - denn er hat seine Freude am Erzählen - so daß er mehrmals unterbrochen wird, bis er endlich zu dem von ihm als „wunderbar" eingeschätzten Schluß kommt, nämlich: „Meine Garbe inmitten steht da, ganz aufrecht, und eure aber, die sie umringen, neigen sich vor ihr im Kreise, neigen sich, neigen sich, und meine steht" (507). Die Reaktion der Zuhörer entspricht nicht Josephs Erwartung. Gad fragt vieldeutig: „Ist das Alles?" Dan antwortet darauf unheilschwanger: „Es ist dies und das", Jehuda spricht von ekelhaftem Unsinn, und Schimeon und Levi belegen Joseph im Zornausbruch mit wüsten Schimpfworten (508f.). Ruben sagt, als er mit allen hinweggeht: „Du hörst es Knabe" (509). In Josephs Abwesenheit beraten die Brüder mögliche Deutungen von Josephs Traum; sie erwägen, ob er ausgedacht und erfunden sei und also von Dünkel und Lügenhaftigkeit zeuge; oder ob Joseph wirklich so geträumt habe, dann könne der Traum von Gott kommen, oder aber auch aus Narrheit geboren sein. Ruben mischt sich mehrfach in die Überlegungen der Brüder ein, und zwar mit der von den Brüdern nicht erkennbaren Absicht, ihren Zorn und ihre Wut auf Joseph zu dämpfen (511–514). Jedoch die Erbitterung der andern Brüder bleibt.

Den dritten, den „Sternentraum" (514–521), erzählt Joseph - wie in der Bibel - den Brüdern und dem Vater gemeinsam. Wieder wird die Gesprächssituation vorgeführt. Joseph überredet den Vater, in der Arbeitspause - in der auch Joseph seit Tagen des Fernbleibens wieder erscheint - zu den Brüdern zu kommen. Und dann erzählt Joseph, daß er geträumt habe, Sonne, Mond und elf Sterne kamen und neigten sich vor ihm (519). Jakob, der die Blicke der zehn Brüder sieht und ihr Zähneknirschen hört, hält Joseph eine milde Strafpredigt, in der er die Erzählung abgeschmackt, irrwitzig, ein kindisches Geschwätz nennt (519f.). Als er weggeht, kommt ihm jedoch die Vorstellung vom „Vorgefühle künftiger Größe" seines Kindes.

Solche zwiespältige Haltung Jakobs wird auch in der Bibel berichtet: Jakob rügt Joseph, aber „er behielt diese Worte" (Kap. 37, 10f.). Bei der Beratung der Brüder schlägt Ruben vor, hinwegzugehen, vorgeblich als Protest gegen „den Greuel" von Josephs Traum und die nur milde Rügung durch den Vater, eigentlich aber, um Joseph zu schützen, „damit kein Unglück geschähe" (521). Das Unglück geschieht doch.

Begegnung auf der Weide

Jakob sendet Joseph zu seinen Brüdern. Diese fallen über ihn her, einige wollen ihn töten; dem widerspricht Ruben und schlägt vor, ihn in eine Grube zu werfen, in der Absicht, ihn daraus heimlich zu retten. Das mißlingt, da eine vorbeiziehende Karawane Joseph aus der Grube holt. In der Bibel holen die Brüder Joseph aus der Grube. Auf Judas Vorschlag wird Joseph an die Karawane verkauft. Die Karawane zieht mit Joseph nach Ägypten und verkauft ihn dort an Potiphar. Durch seine Traumdeutungen gelangt er schließlich zu Pharao und wird Ernährungs- und Ackerbau-Minister (Bd. 3, 229). In dieser Funktion betreibt er eine Vorratswirtschaft, so daß er während der Dürrezeit Getreide verkaufen kann. Um Getreide zu kaufen, kommen auch seine Brüder.

Begegnungen in Ägypten

Obwohl Joseph seine Brüder seit „Jahren und Tagen" (Bd. 3, 321) erwartet hat, ist er aufgeregt, als er erfährt, daß sie nun tatsächlich kommen, – angekündigt durch Aufzeichnungen der Schreiber – und er berichtet es in großer Verwirrung, aber mit unterdrücktem Jubel seinem Haushalter Mai, dem er schon längst alles anvertraut hatte (320), so daß dieser erstaunt fragt: „Deine Brüder? Die Reißenden, die dir das Kleid zerrissen, dich in die Grube warfen und dich in die

Welt verkauften?“ (320) Zum Erstaunen Mais antwortet Joseph hierauf: „Aber ja! Aber ja! Sie, denen ich all mein Glück und meine Größe hier unten verdanke!“ Und als Mai in Gelassenheit erwidert: „das heißt die Dinge ein wenig kräftig zu ihren Gunsten drehen“, argumentiert Joseph, daß Gott es zum Guten gewendet habe, und daß man die Tat nach dem Ergebnis beurteilen müsse. Damit ist auf die göttliche Fügung angespielt. Gott lenke diese Geschichte, erklärt Joseph, und er habe es gewußt, seit er Pharaos Träume deutete (321f.), und nun käme es darauf an, die Gottesgeschichte recht und fein auszugestalten. Wie das geschehen solle, überlegt und plant Joseph im Gespräch mit seinem Haushalter. Joseph fürchtet, daß ihn die Brüder gleich erkennen. Darüber beruhigt ihn Mai. Joseph möchte das Erkennen verzögern und erst prüfen, wie die Brüder sich Benjamin gegenüber verhalten; und nur, wenn diese Prüfung gut ausfällt, will er sich ihnen zu erkennen geben. Andernfalls wolle er sich verleugnen und ihnen ein strenger Richter sein (323). In diesem Sinne wird die Begegnung inszeniert, bis ins Einzelne vorbereitet und „mit heiligem Schabernack“ (325) ausgeschmückt. Joseph ordnet an, die Brüder in guten Rasthäusern unterzubringen (326), sie bei ihrer Ankunft nicht in sein Haus, sondern ins Ministerium zu führen, in den Empfangssaal, der größer und eindrucksvoller sei (326). Auf Mais Hinweis will Joseph über einen Dolmetscher mit den Brüdern reden. Und auch die Idee, sie vorgeblich für Kundschafter zu halten, stammt von Mai, obwohl Joseph behauptet, daß er schon selbst auf diesen Gedanken gekommen sei. Im Verlaufe des Verhörs erklärt Joseph die Brüder dann für Kundschafter. Die Versuche von Ruben, Dan und Juda, diesen Verdacht zu widerlegen, erkennt Joseph nicht an. Er will sie prüfen (345) und fordert sie auf, ihren jüngsten Bruder, von dem sie auf Josephs Fragen hin erzählt hatten, vor ihn zu bringen. Er läßt sie drei Tage einsperren, jedoch in einen Raum, der „Für zeltende Hirten“ als ein „ans Noble grenzender Aufenthalt" (347) erschien. Die Brüder bedenken die Fürsorge, die man ihnen während des letzten Reiseabschnittes angedeihen ließ und empfinden ein „Gemisch von Freundlichkeit und Gefährlichkeit" (347), das sich noch öfter einstellen soll. Der Mann, in dem sie Pharaos Statthalter sehen, und der sie verdächtigte, erscheint ihnen zweideutig, zugleich gütig und gefährlich (348). Und es kommt ihnen der Verdacht, daß ihre Gefangennahme „Vergeltung bedeute für alte Schuld" (349), was Ruben bekräftigt (351). So steht Verdacht gegen Verdacht. Die Brüder ahnen zwar nicht, daß diese Vergeltung von dem kommt, an dem sie schuldig geworden sind, sondern meinen, daß Gott sie strafe: „Denn unser Väter Gott ist ein Gott der Rache" (350). Der Zusammenhang zwischen dem, was sie damals mit Joseph angestellt haben und der Situation, in die sie jetzt geraten sind, wird auch wörtlich angedeutet. Juda legt dar, daß sie „in eine Grube unbegreiflichen aber verderblichen Verdachtes" gefallen seien und befürchtet, daß sie, wenn ihr Vater Benjamin nicht reisen lasse, „in die Sklaverei verkauft" werden könnten (350). Simeon muß als Geisel gefangen bleiben, die übrigen können nach Hause ziehen, um Benjamin zu holen. Auf des Haushalters Vorschlag läßt Joseph das bezahlte Geld für das Getreide in die Säcke legen und interpretiert dies: Sie „werden verspüren, daß da einer ist, der's freundlich mit ihnen meint und der sie foppt" (354f.). Die Brüder erhalten außer dem Korn auch Wegzehrung und ziehen ab. Wiederholt wird auf Josephs Zweideutigkeit hingewiesen; von seinem Haushalter wird er als freundlich, aber unerbittlich charakterisiert (359). Und die Brüder meinen, er sei „ein Mann des Wendepunktes und habe was Göttliches in seiner Güte und Schrecklichkeit" (359). Auch bei ihrem Bericht vor Jakob schildern sie den Statthalter als doppelt, „freundlich und grimm" (365). Und später sprechen sie von seiner Strenge und Teilnahme, die sie veranlaßt habe, von Vater und jüngstem Bruder zu erzählen (372). Als die Brüder zum zweiten Mal kommen, läßt Joseph sie in sein Haus führen, um gemeinsam mit ihnen und einigen Ehrenhäuptern der Stadt, geladenen Gästen, zu essen. Er ordnet an, daß die Brüder genau in der Reihenfolge ihres Alters gesetzt werden (379). Bei der Begrüßung spricht Joseph hebräisch und erklärt, er habe es „unterdessen gelernt. Ein Mann wie ich lernt so was im Handumdrehen" (385f.). Als er sie den ägyptischen Gästen vorstellt, nennt er zu ihrer Verwunderung ihre Namen genau nach der Reihenfolge ihres Alters. Daß Josephs Gemahlin Asnath, die in Grimmelshausens Roman am Mahle teilnahm, hier nicht dabei ist, wird damit begründet, daß es sich um ein Geschäftsfrühstück handele (388). In der Bibel ist Asnath in dem Bericht über das gemeinsame Essen nicht erwähnt. Im übrigen geht es - ähnlich wie bei Grimmelshausen - recht heiter bei Essen, Trinken und Gesprächen zu. Benjamin, der Josephs Tischnachbar ist und am meisten zu essen vorgelegt bekommt, „war, als spürte er Kindheitsduft" (390); und als Joseph ihn nach seinen beiden jüngsten Söhnen fragt, mit Anspielungen auf seine eigene und Benjamins Kindheit (391), fragt Benjamin, woher denn der Gastgeber seinen und die Namen seiner Brüder und ihre Altersfolge mit Genauigkeit kenne. Das sage ihm, antwortet der Statthalter, sein silberner Becher, der ihm auch das Vergangene und Zukünftige anzeige. Und zum Beweis schildert er dem Benjamin das Grab seiner Mutter mit allen Einzelheiten, darunter einen Esel und den vermutlich dazu gehörigen Reiter, der an der Stätte kniet. Nach diesem von Benjamin befragt, beschreibt Joseph sich selber auf der Reise zu den Brüdern, aus dem zeitlichen Abstand kritisch, ja herabwürdigend: „Den sehe ich womöglich noch deutlicher (...) aber was ist daran zu sehen? Das ist eher ein Fant, siebzehnjährig zur Not, wie er da kniet und opfert. Hat sich einen bunten Staat umgetan, der Gimpel, mit eingewobenen Bildern, und ist albern im Kopf, denn er denkt, er fährt so dahin auf einen Spazierritt, fährt aber in sein Verderben" (394). Benjamin erkennt und sagt es: „Es ist mein Bruder Joseph“ (394). Darauf scheint sein Nachbar erschrocken und entgegnet: „O, vergib! (...) Dann hätte ich nicht so wegwerfend von ihm geredet, wenn ich gewußt hätte, daß es dein verlorener Bruder ist“ (394). Dann interpretiert Joseph vieldeutig das, was er weiterhin über Benjamins Bruder von seinem Becher erfahren hat, nämlich von dessen Grab, einer Höhle, die aber leer sei, und daß es keine Niederfahrt gebe, der nicht das Auferstehn folge, womit er den weinenden Benjamin tröstet. Und als der Statthalter Benjamins Arm am Handgelenk faßt und mit der losen Hand in der Luft fächelt, wie es früher Joseph mit dem Knaben Benjamin getan hatte, ist Benjamin entsetzt und öffnet den Mund „gleich wie zu einen Schrei, der aber blieb aus“ (395). Und im Blickkontakt zwischen beiden konnte man „etwas wie heimlich anvertrauende Bejahung“ von Benjamins Erkennen sehen. Doch dann hebt der Statthalter die Tafel auf, verspricht, Anweisung für das Korn zu geben, und macht fragend den Vorschlag, ob die Brüder nicht in Ägypten siedeln wollten. Von Benjamin verabschiedet er sich mit den Worten: „Lebe wohl, falls ich dich nicht mehr sehen sollte!“ (395). Damit ist vorausdeutend auf ein mögliches nochmaliges Wiedersehen angespielt. Eine weitere Hindeutung auf eine dritte Begegnung der Brüder mit Joseph ist darin zu sehen, daß es Benjamin schmerzt, daß sie jetzt abreisen. Er vertraut dies Ruben an, der ihn nach seinen Tischgesprächen mit dem Statthalter fragt, die er selber - zu weit entfernt sitzend - nicht verstanden habe; Benjamin sagt: „Ruben, hör, was ich sage, mir ist so weh in der Brust, weil wir ziehen!“ (402) Und als der Haushalter, der ihnen nachgejagt ist, sie auf der Raststätte antrifft, stößt Benjamin den - so lange - unterdrückten Schrei aus. Der Haushalter redet sie an mit den aus der biblischen Überlieferung bekannten Worten (Kap. 44, 4): „Warum habt ihr Gutes mit Bösem vergolten“ (403). Er verdächtigt und beschuldigt sie, den silbernen Becher seines Herrn gestohlen zu haben. Juda weist die Beschuldigung zurück; er räumt ein, daß sie nicht überhaupt unschuldig seien und nicht ganz ohne Übeltat durchs rauhe Leben gekommen seien; jedoch „silberne Becher zu mausen" sei „nicht ihre Sache" (404). Auch Ruben äußert seine Empörung über den Verdacht und fordert den Haushalter auf, sie zu durchsuchen. Als der Becher bei Benjamin gefunden wird, den die Brüder eben noch „den Aller-Unschuldigsten" genannt haben, „der nicht nur in diesem Punkte unschuldig ist, sondern unschuldig überhaupt, und nie im Leben eine Übeltat auf sich geladen hat" (406), fordern sie diesen auf, sich zu rechtfertigen. Benjamin schweigt. Dan, einer der Brüder, weist darauf hin, daß Benjamin bei der Annäherung der Verfolger aufgeschrien habe und mißdeutet diesen Schrei als Erschrecken vor dem Entdecktsein. Daraufhin halten die Brüder Benjamin für schuldig und beschimpfen ihn als „Diebsbrut" und „Sohn einer Diebin" (407), der sie alle in Mißkredit bringe. Der Haushalter widerspricht dem, spricht sie von Mitschuld frei und heißt sie nach Hause ziehen und will nur Benjamin mitnehmen. Das aber weist Juda zurück und erklärt ihr Zusammenstehn mit dem jüngsten Bruder; sie seien sämtlich „haftbar in dieser Sache und sind wie einer bezüglich des Vorkommnisses" (407). Er weist darauf hin, daß der Jüngste unschuldig geblieben, da er zu Hause war, sie selber aber, die „In der Welt" waren, seien in ihr schuldig geworden; daher wollten sie ihn, der auf Reisen schuldig geworden sei, nicht im Stiche lassen, obwohl sie selbst in dieser Sache unschuldig seien. Dieser erneute Hinweis auf ihre Schuld und die daraus sich ergebende Solidarität mit dem vermeintlich nun ebenfalls schuldig gewordenen Benjamin beweist eine Wandlung ihrer brüderlichen Gesinnung. Von dieser Wandlung macht Joseph sein Verhalten ihnen gegenüber abhängig. Er erwartet gespannt, ob Benjamin allein zurückgebracht wird oder mit den Brüdern zusammen. Daß das Ganze als ein Spiel inszeniert ist, unterstreicht wiederum die Wortwahl: wie ein maskierter Komödiant erwartet Joseph mit Spannung und Lampenfieber seinen Auftritt, und er müsse „gaukeln" in dem Spiel, bei dem Gott und die Welt Zuschauer seien, der Empfangssaal ist der „Schauplatz" und die Hofbeamten, Vorleser und Schreiber seien „Komparsen" (408f.). Als der Haushalter mit den Brüdern zurückkommt, schützt Joseph zunächst Krongeschäfte vor, die vordringlicher seien als Privat-Lappalien und bescheidet die Ankömmlinge zu warten. Dann besinnt er sich anders und verfügt, „jene Quisquilie, eine Gerichtssache, bei der es sich um das Verbrechen des Undanks handelt"(410), gleich aus dem Wege zu räumen und begibt sich mit den Hofbeamten in den Empfangssaal, auf seinen erhöhten Stuhl, um sein Richteramt auszuüben, in der Gegenwart von Bediensteten. In der Gerichtsverhandlung redet Joseph nicht Benjamin, sondern die Brüder insgesamt an und wirft ihnen vor, „Gutes zu vergelten mit Bösem"(411); er schließt seine gemäßigte Anklage mit den Worten: „Ich nehme an, daß ihr euch schuldig bekennt?" Als Antwort darauf beginnt Juda seine vorbereitete Rede. Er verzichtet auf Rechtfertigung und legt ein Schuldbekenntnis ab, indem er gewissermaßen eine Kollektivschuld für alle Brüder übernimmt; sie seien schuldig, „schuldig in dem Sinne, daß dein Becher bei uns gefunden worden, bei einem von uns, das ist: bei uns"(411). Wie der Becher in den Sack des Jüngsten gekommen sei, „des Unschuldigen, der immer zu Hause war", wisse er nicht. Juda also hält Benjamin nicht - wie Dan - von vornherein für schuldig. Und er spielt wiederum auf ihre frühere Schuld an: der Sünder sei töricht, „der auf gegenwärtige Unschuld pocht, wenn der Rächer Zahlung fordert für alte Missetat". Hier ist auf den göttlichen Rächer angespielt, von dem es in der Bibel heißt: „Mein ist die Rache, redet Gott" (5. Mose 32, 35 u.a.). Und Juda bietet sie alle als Knechte an. Dies Angebot lehnt Joseph ab, ja er weist es weit von sich, denn er sei kein Unmensch und könne auch durch kein noch so schlechtes Benehmen zu einem solchen werden. Er wolle nicht untersuchen, ob sie alle gemeinsam oder Benjamin allein den Plan des Undanks schmiedeten. Er vermute, daß sie die Zauberkraft des Bechers, die er beim Tischgespräch dem Benjamin preisgegeben und als Beweis von seiner Mutter Grab erzählt hätte, sie veranlaßt habe, den Becher zu stehlen, um zu erkunden, „was aus euerm Bruder geworden, der nicht mehr vorhanden" (412), und somit den Diebstahl fast entschuldigend fügt er hinzu: „Die Neugier wäre begreiflich". Und Joseph schließt seine ziemlich milde Be- und Verurteilung des Diebstahls mit der Verfügung, daß sie alle mit dem Korn nach Hause ziehen könnten und nur Benjamin müsse bleiben; von einer Bestrafung Benjamins wird nichts gesagt. Es heißt nur: „Er ist mir verfallen" (412). Nun hält Juda seine Rede „wie der Geist sie mir eingibt und die Schuld" (413), in der er noch einmal den ganzen Vorgang von ihrem ersten Eintreffen an mit allen Einzelheiten darlegt und Josephs Verhalten als „doppeldeutig" nämlich „harsch und huldig" interpretiert. Die Forderung, Benjamin zu bringen, um den Verdacht der Spionage zu widerlegen, deutet er als „pure Eigentümlichkeit" (414), weil der Statthalter unbedingt den jüngsten Bruder sehen wollte; woher diese und andere Eigentümlichkeiten in des Statthalters Verhalten komme, sei ein Geheimnis, das nur durch die Offenbarung eines anderen Geheimnisses zu erhellen sei. Und nachdem er dem Statthalter anbietet, ihn statt Benjamins als Knecht zu behalten, gibt er das andere Geheimnis preis. Er zerbricht den Eid, den die Brüder geschworen haben, daß sie niemals verraten wollten, was sie Joseph damals angetan und bekennt, daß Joseph nicht von einem Tier zerrissen worden sei, wie sie ihrem Vater erzählt haben, sondern „wir, seine Brüder, haben ihn einst in die Welt verkauft" (416). Daraufhin ertönen zwei Schreie, einer von Ruben: „Was hör ich!" und einer von Benjamin, der wieder die Arme emporwirft und „unbeschreiblich" aufschreit (417). Joseph schickt alle Ägypter hinaus und sagt: „Denn ich habe

Gott und die Welt zu Gaste geladen bei diesem Spiel, nun aber soll nur noch Gott allein Zuschauer dabei sein" (417). Erst dann gibt er sich zu erkennen „mit einem kleinen bescheidenen Lachen" und den Worten: „Kinder, ich bin's ja. Ich bin ja euer Bruder Joseph".

In Thomas Manns Roman wird - wie in der Bibel (Kap. 39, 2) - die göttliche Fügung wiederholt zur Erklärung, ja Rechtfertigung des Geschehens beansprucht. Schon als Joseph von der Karawane auf- und mitgenommen wird und mit einem der Söhne des Käufers ein Gespräch anfängt und fragt, wohin sie ihn führten, entgegnet dieser, sie führten ihn doch gar nicht, er ziehe mit ihnen, wohin sie zögen, das könne man doch nicht gut führen nennen (Bd. 2, 7). Darauf erwidert Joseph: „Ich meinte nur: Wohin führt mich Gott, indem ich mit euch ziehe?" Damit scheint das künftige Schicksal Josephs ein für allemal in Gottes Hand gelegt. Und es geschieht genau das, was Josephs Gesprächspartner mit seiner ironisch gemeinten Frage zu verneinen scheint: „Meinst du Heda, wir reisen, damit du irgendwohin kommst, wo dein Gott dich haben will?" (Bd. 2, 7) Doch innerhalb des göttlichen Planes bleibt Raum für menschliche Schuld. Schuld und Schuldbewußtsein der Brüder spielen - wie in der Bibel - eine Rolle. Bereits unmittelbar nachdem sie Joseph in die Grube gebracht haben, fühlen die Brüder sich unwohl (Bd. 1, 598). Und später erinnern sie sich wiederholt an ihre frühere Schuld und sehen diese im Zusammenhang mit ihrer jeweiligen gegenwärtigen Situation. Als Joseph sie wegen des Verdachts der Spionage gefangen nehmen läßt, kommt ihnen ein eigener Verdacht, nämlich „daß diese Heimsuchung Vergeltung bedeute für alte Schuld" (Bd. 3, 349). Und als sie auf dem Heimweg das für das Getreide bezahlte Geld in ihren Säcken finden, denken sie wieder an „die alte Geschichte" (361), weil es ihnen unheimlich vorkommt. Selbst bei ihrer zweiten Ankunft beschäftigt sie dies noch; als sie nicht wie beim ersten Mal in dem amtlichen Raum empfangen werden, sondern in des Statthalters „Eigen-Haus“ gewiesen werden, erschrecken sie und denken an Flucht, wogegen Benjamin protestiert, indem er bezüglich des Geldes in den Säcken erklärt, „man dürfe sich nicht schuldig gebärden, wenn man's nicht sei“ (382). Dem widersprechen die Brüder mit dem Hinweis, sie seien zwar unschuldig bezüglich des zurückerhaltenen Geldes, aber „allgemein schuldig fühle man sich immer ein bißchen“ (382), und sie, die „sich ständig in der Welt herumzuschlagen gehabt“, hätten nicht alle Schuld vermeiden können. Hier liegt schon ein Eingeständnis einer noch geheim gehaltenen Schuld. Ganz ähnlich betont Juda noch einmal, als Benjamin des Diebstahls angeklagt ist, daß sie zwar in diesem Falle unschuldig, jedoch „in der Welt“ schuldig geworden seien. Auf dieses wiederholte Eingeständnis einer noch nicht genannten und bekannten Schuld folgt dann, als sie vor dem Statthalter stehen, der sie insgesamt anredet und fragt, ob sie sich schuldig bekennen, Judas Rede, in der er schließlich die mehrfach angedeutete frühere Schuld eingesteht. Bei Thomas Mann wird Schuld nicht einseitig auf Seiten der Brüder, sondern sowohl bei Joseph als auch bei seinem Vater Jakob gesehen. Schon während die Brüder Joseph mißhandeln, kommt ihm der Gedanke, daß er durch sein Verhalten den Neid und Haß seiner Brüder herausgefordert habe. Während er drei Tage und drei Nächte in der Grube zubringt, erkennt er, „was er angerichtet - und daß er es angerichtet“ (Bd. 1, 573), nämlich, daß er den Zorn der Brüder durch sein Verhalten hervorgerufen habe, durch die Taktlosigkeit der Erzählung seiner Träume, durch viele Fehler, die er in der Voraussetzung begangen, daß „jedermann ihn mehr liebe als sich selbst“ (Bd. 1, 573). Nach dieser Voraussetzung habe er gelebt, an sie „geglaubt und doch wieder nicht ganz wirklich geglaubt“. Er habe so gehandelt, ja handeln müssen, weil Gott ihn so geschaffen und „es mit ihm und durch ihn also vorgehabt hätte“ (574). Auf diese Weise ist das Eingeständnis seiner Schuld mit dem Plan Gottes verknüpft

(574). Und auch Jakob ist nicht ganz ohne Schuld durch seine Vorzugsliebe für den Lieblingssohn und ahnt dies nach dem Weggang der Brüder (522f.); auch er reflektiert darüber und über die Verknüpfung mit dem göttlichen Plan, ganz ähnlich wie Joseph in der Grube, so daß es über die gemeinsame Schuld von Jakob und Joseph heißt: „Zusammen hatten sie das Lamm in die Grube gebracht" (Bd. 1, 579). Und als die Brüder angekündigt sind und Joseph im Gespräch mit seinem Haushalter Mai über ihren Empfang diskutiert, interpretiert er sein Verhalten von damals rückblickend und gesteht, daß es „schreiend unreif" gewesen sei, bei der Begegnung auf der Weide zu sagen, er käme, „zu ihnen, um nach dem Rechten zu sehen" (Bd. 3, 324), denn das hatte sein Vater ihm beim Abschied, als er eben diese Worte als Zweck für seine Reise zu den Brüdern angab, ausdrücklich verwiesen (Bd. 1, 525): nicht nach dem Rechten solle er sehen, sondern sich vor ihnen neigen und nach ihrem Befinden fragen (525). Und im weiteren Gespräch mit Mai über den Empfang der Brüder und deren damaliges Verhalten spricht Joseph von gemeinsamer Schuld von ihm und den Brüdern (Bd. 3, 328). Joseph will also keinesfalls die Brüder strafen, sondern ihre Gesinnung prüfen, nämlich ihr Verhalten Benjamin gegenüber als Entsprechung für ihr damaliges Verhalten ihm gegenüber. Die Behauptung, daß er den Brüdern ein strenger Richter sein wolle (s.o. 36), falls diese „sich garstig gegen ihn stellen", „wenn sie gar, ich will's nicht denken, mit ihm ungesprungen sind, wie einst mit mir, (...) einen fremden, strengen Richter würden sie in mir finden" (Bd. 3, 323); diese Behauptung ist nicht ernst gemeint, denn Gott lenke die ganze Geschichte (321f.), und zwar hin zur Versöhnung. Unbeschadet und innerhalb dieser göttlichen Lenkung unternahm Thomas Mann – angeregt durch Goethe, dem die biblische Geschichte „höchst anmutig", aber zu kurz erschien, und der sich berufen fühlte, „sie in's Einzelne auszumahlen" (WA I 26) – das Geschehen erweiternd auszuschmücken (s.o. 36) und ihm „einen menschlichen und geistigen Gehalt zu verleihen" (vgl. Joseph und seine Brüder. Ein Vortrag. S. Lit.verz. 78, S. 655). Anders als bei Grimmelshausen, bei dem in den Plan Gottes die christliche Gesinnung eingewebt ist (s.o. 23), sah Thomas Mann in seinem Roman eine Darstellung, „deren Seele bei allem menschlichen Ernst der Humor ist" (ebenda).

Irmgard Powierski

Irmgard Powierskis Darstellung des biblischen Stoffes mit dem Titel „Josef, Träumer, Bruder, Staatsmann" ist in Dialogform mit eingefügten Erzählertexten geschrieben und in 47 Kapitel mit Überschriften gegliedert. In den Erzählertexten wird zusammenfassend und teils ergänzend das, was in den Dialogen zwischen Jakob, Joseph und den einzelnen Brüdern erörtert wird, interpretiert.

Die Träume

Bevor Josephs Träume angesprochen werden, berichtet Jakob im Gespräch mit Joseph (Kap. 17) seinen Traum nach dem Betrug an Esau, in dem er ein Versprechen Gottes erkennt (13f.). Hier ist implizit auf die Bedeutung von Josephs Träumen angespielt. Das Mißverhältnis zwischen Joseph und seinen Brüdern wird in drei Kapiteln (Kap. 2–4) durch Gespräche Josephs mit den einzelnen Brüdern ausführlich vorgeführt. Die Brüder werfen Joseph „Größenwahn" und „Hochmut" vor, nennen ihn „dreimal kluger Musterknabe", „eingebildet Wesen", weisen ihn als lästig von sich; sie fühlen sich „ausgegrenzt" und als „Betrogene". Das vom Vater dem Lieblingssohn geschenkte Kleid (Kap. 5) vermehrt den Neid der Brüder auf des Vaters Liebe; nur Ruben denkt anders und verzeiht dem Vater dessen Vorzugsliebe für Joseph. Joseph erzählt sowohl den Garbentraum als den Sternentraum zunächst – wie in der Bibel – nur den

Brüdern, die darüber empört sind. Er verteidigt den Glauben an seine Träume, versucht aber trotzdem immer wieder vergeblich, die aufgebrachten Brüder zum Verständnis seiner Lebenssicht zu bringen, bis er schließlich ihren Haß spürt. Ruben läuft zum Vater, um Klärung zu schaffen; Joseph kommt dazu und erzählt nochmal seine beiden Träume. Jakob tadelt ihn. Joseph beharrt darauf, daß seine Träume eine Bedeutung haben, die er finden möchte. Er glaubt, daß seine Träume von Gott kommen und in der Wirklichkeit Erfüllung finden.

Begegnung auf der Weide

Als Joseph sich im Brunnen befindet, gerät er zunächst in Wut: „Er tobt und schreit" (71). Dann jedoch gesteht er seine Schuld: „Hört, was ich sage: Ich selbst hab' Neid auf mich gezogen. / Ich selbst hab' euch zu dieser Tat getrieben" (59) und weist auf die Schuld der Brüder hin: „Bedenkt es wohl! Schuld trifft auch euch" (59). Er bittet Gott für sich und seine Brüder (61). Rubens Rettungsversuch mißlingt; auf Judas Vorschlag wird Joseph verkauft. Juda und Ruben empfinden Reue darüber. Die Brüder erkennen, daß sie auch jetzt nicht des Vaters Liebe haben. Joseph gewinnt Einsicht in sein Fehlverhalten: „Durch Überheblichkeit kam ich zu Fall" (111). Später, im Gespräch mit seiner Frau Asnath über seine Erinnerung an Vater und Brüder sagt Joseph: „Ich zürne nicht mehr meinen Brüdern" (129).

Begegnungen in Ägypten

Seit der Ankunft in Ägypten hat Joseph gewissermaßen eine Doppelrolle zu spielen: er ist - wie auch im Titel formuliert - zugleich Bruder und Staatsmann, was in der Bezeichnung des Sprechers zum Ausdruck kommt. Zu den Brüdern spricht der Regent, zu sich selbst, im inneren Dialog, spricht Joseph. Beim Anblick seiner Brüder erschrickt Joseph und sieht darin die Erfüllung seiner Träume: „Träume haben uns getrennt. Sie führen uns zusammen“ (133). Jedoch, obwohl er den Brüdern verziehen hat, gibt er sich nicht gleich zu erkennen und fragt sich selbst warum: „Was hält mich jetzt davon zurück“ (133). Im Selbstgespräch deutet Joseph an, was er durch die Gefangennahme der Brüder und die Forderung, mit Benjamin wieder zu kommen, bewirken will, und der Erzähler kommentiert es: „Joseph will die Brüder zur Wahrheit führen“ (135f.), das heißt zur Einsicht in ihre Schuld. Er will ergründen, ob sich ihre Gesinnung ihm und Benjamin gegenüber gewandelt hat. Ihre Aussage „Und einer von uns Brüdern ist nicht mehr da“ (134f.) sieht er als Hartherzigkeit: „Wie nebenbei sprecht ihr es aus“ (135). Und er will erfahren, ob sie sich geändert haben: „Wie sieht es in euch aus? Seid ihr gereift? / Seid ihr brutal geblieben? / Habt ihr an Benjamin gehandelt wie an mir?“ (135). Juda sieht einen Zusammenhang zwischen ihrer Untat an Joseph und dem, was jetzt der Regent mit ihnen anstellt (137) und spricht es aus. Joseph, der es mithört, weiß nun, daß die Brüder „begonnen haben, ihre dunkle Vergangenheit zu hinterfragen“ (137). Auf dem Rückweg reflektieren, vor allem Ruben und Juda, aber auch die anderen Brüder, über ihre frühere Schuld und einen Zusammenhang mit ihrer gegenwärtigen Situation. Ruben fragt: „Ist des Regenten Härte Antwort auf den Verkauf des Bruders?“ (138) Und Juda, sich an Josephs Seelenschmerz in der Grube erinnernd, antwortet: „Er klagt uns an durch diesen Fremden“ (138). Auch einzelne der andern Brüder, Gad, Sebulon, Isaschar, Dan, Asser, Levi, Naphtali äußern im Gespräch ihre Empfindungen und Befürchtungen über das Vergangene und Bevorstehende. Asser, einer der Brüder, sagt: „Wir sind auf dem Wege zur Einsicht“ (147). Zu Hause bei Jakob erkennen die Brüder, daß durch Sünde und Lüge ihre Gemeinschaft zerbrochen sei (147). Ruben kündigt Jakob ein Schuldbekenntnis an (149). Auch Joseph reflektiert im Gespräch mit Asnath über die Vergangenheit und bekennt, daß die Einsicht der Brüder in ihre Sünde ihn tief berühre (153). Asnath bewundert ihn, daß er es ausgehalten habe, nicht nach sich selbst zu fragen (154). Bei der zweiten Ankunft in Ägypten bietet Ruben dem Haushalter an, das in den Säcken gefundene Geld für das Getreide zurückzugeben, was der Haushalter ablehnt (156). Simeon berichtet über seine Gefangenschaft und welche Gedanken ihm über ihr Verhältnis zu Joseph und zu ihrem Gott gekommen sind und bekennt abschließend: „Aus der Vergangenheit Bewältigung stehle ich mich nicht davon" (157). Diese Formulierung assoziiert ihren häufigen Gebrauch in der Nachkriegszeit nach 1945. Auch Juda spricht von „bereuend Schuld bekennen" (157). Beim Wiedersehn mit Benjamin weint Joseph. Bei der Plazierung an der Tafel wundern sich die Brüder über ihre Namensnennung, und als zwischen Benjamin und Sebulon ein Patz frei bleibt - Joseph fehlt - wird es ihnen unheimlich (160). Beim Festmahl erkennt Joseph die Veränderung der Brüder (160) und freut sich über ihre fröhliche Stimmung. Als der Haushalter ihnen auf ihrem Heimweg nachreitet und sie als Diebe anklagt, sagt Ruben: „Bei dem der Becher wird gefunden, der sei des Todes" (163). Der Haushalter aber antwortet: „Mein Herr straft nicht mit Tod (...) bei dem der Becher wird gefunden / der sei Knecht" (164). Als dann der Becher bei Benjamin gefunden wird, tritt Ruben gleich für ihn ein: „Du warst es nicht (...) uns trifft die Schuld" (165). Und Juda weist wieder auf ihre frühere Schuld hin: „Wir werden heimgesucht um Josephs willen" (166). Bei der dritten Begegnung mit Joseph legt Juda das Schuld- und Reuebekenntnis ab (168). Zunächst beharrt jedoch der Regent trotzdem darauf, Benjamin als Sklave zu behalten. Doch nach Judas ausführlicher Rede und Benjamins Bitte um Gnade um des Vaters willen, bereitet Joseph das Erkennen vor, indem er auf Judas Frage, ob er noch einen Vater habe, auf hebräisch antwortet, daß sein Vater in Kanaan lebe (173) und gibt sich - endlich - zu erkennen: „Ich bin euer Bruder“ (173). Von jetzt an lautet die Sprecherbezeichnung nicht mehr „Regent“ sondern immer Joseph, denn jetzt spricht der Bruder. Und die Kapitelüberschrift lautet „Versöhnung unter Brüdern“; die Versöhnung nimmt ein ganzes Kapitel (Kap. 37, 173–180) in Anspruch. Joseph, der seinen Brüdern längst verziehen hat, fördert die angebotene Versöhnung durch den Hinweis auf seine Sünde (174), die Gottes Geist ihm aufgedeckt habe und bietet gleichsam eine Rechtfertigung ihrer Schuld an: „Brüder! Schuldigwerden gehört zu unserem Leben“ (176). Auf dem Heimweg fordert Benjamin, den Brunnen zu sehen, in den Joseph geworfen wurde, was die Brüder zögernd und ungern erfüllen: der Brunnen, damals leer, ist jetzt mit Wasser gefüllt.

Sehr viel schwerer als Joseph fällt seinem Vater Jakob die Vergebung, und erst nach sehr langwierigem Argumentieren gelingt die Versöhnung zwischen Vater Jakob und seinen neun Söhnen, die in vier Kapiteln (Kap. 40–43) vorgestellt wird, mit den Überschriften „Alles von der Seele reden“, „Ringen um Vergebung“, „Harte Wahrheit“ und „Auseinandersetzungen führen zur Versöhnung“. In der Bibel wird weder ein Schuldbekenntnis der Brüder vor Jakob noch eine Versöhnung zwischen Vater und Söhnen berichtet.

Powierskis Darstellung enthält - auch, aber nicht nur durch die Erzählertexte - durchgehend ein psychologisches und zugleich ein didaktisches Element, das den christlichen Glauben an Schuld und Vergebung betont. Das biblische Geschehen wird nicht eigentlich dargestellt, sondern in Gespräche gleichsam aufgelöst. Es wird diskutiert, argumentiert, analysiert, reflektiert und interpretiert; letzteres hauptsächlich in den Erzählertexten, aus denen sich das Anliegen ergibt, nämlich: Schulderkenntnis und -bekenntnis und Vergebung als Voraussetzung für Versöhnung.

Ein Hauptakzent liegt auf der Wandlung der Brüder, die durch die vermeintliche Bestrafung durch Joseph ausgelöst wird. Die Brüder sehen darin das Wirken Gottes, der sie durch diesen Fremden, den Regenten, für ihre verheimlichte Untat straft. Die Frage, die Hiob sich stellt und sich nicht beantworten kann, wofür straft mich Gott mit dieser Krankheit, beantworten sich die Brüder im Sinne des Goethe-Zitats aus Wilhelm Meisters Lehrjahren: „denn alle Schuld rächt sich auf Erden“ (WA I 21, 218). Damit sehen sie in dem Regenten ein Werkzeug Gottes. Es erhebt sich die Frage, ob Joseph das auch so sieht. Er ist von Anfang an zur Vergebung geneigt; er will sich nicht rächen, die Brüder auch nicht bestrafen, sondern sie nur zu Einsicht in Schuld und Reue führen. Bei der Ankunft der Brüder ist er schon zur Versöhnung bereit, schiebt diese jedoch auf und fragt sich selbst warum (133). Die Antwort wird nicht unmittelbar ausgesprochen, ist jedoch wiederholt in den folgenden Kapiteln sichtbar, nämlich: er will die Brüder zur Wahrheit führen (s.o. 48).

Powierski erweitert das in der Bibel berichtete Geschehen, indem sie die dieses Geschehen auslösenden Momente psychologisch zu ergründen und zu begründen trachtet, nämlich das gegenseitige Verhalten zwischen den Menschen und das Verhältnis der Menschen zu Gott.

Nelly Dix

Als letztes wird die Erzählung „Joseph der Träumer“ von Nelly Dix vorgestellt, die 1951 entstanden ist. Im Vergleich zu den anderen vier Gestaltungen ist hier das biblische Geschehen am stärksten verwandelt, sowohl in der Erzählweise als im Gehalt. Der biblische Stoff ist in dreizehn Kapiteln mit Überschriften dargestellt. Nelly Dix erzählt nicht in chronologischer Reihenfolge die einzelnen Stationen des Geschehens, sondern verwendet eine Erzählweise mit

Rückblicken, szenischen Darstellungen, Dialogen und inneren Monologen.

Der Traum

Den in der Bibel berichteten Garbentraum gibt es nicht bei Dix. Der zweite, der Sternentraum, wird im Rückblick dargestellt. Nach Josephs vermeintlichem Tod, als Jakob diesen verzweifelt beklagt, erinnert Benjamin seinen Vater Jakob an Josephs Sternentraum, den dieser beim Frühstück erzählt habe: „Heut nacht hab ich was Dolles geträumt", hatte Joseph aufgeregt gesagt, „ich hab geträumt, die Sonne, der Mond und elf Sterne neigten sich vor mir!" (52). Und Jakob denkt reuevoll daran, daß er Joseph angebrüllt und geschlagen habe und bedauert dieses als „Lieblosigkeit", die sich nun räche. Benjamin bekräftigt seines Vaters Äußerung: „Du hättest ihn lieber nicht schlagen sollen" (52).

Begegnung auf der Weide

Auch die Begegnung auf der Weide gibt es nicht in direkter Darstellung. Joseph wird nicht - wie in der Bibel - zu den Brüdern geschickt, sondern innerhalb des Rückblicks, in Jakobs Erinnern, als er den Verlust seines Kindes beklagt, geht aus inneren Monologen hervor, daß Joseph in der vergangenen Woche „mit den Brüdern und den Herden weggeritten war"; daß er von den Brüdern verkauft worden ist (52), wird durch innere Monologe der Brüder im selben Zusammenhang ersichtlich. Jakob wirft den Brüdern vor, daß sie schlecht auf Joseph aufgepaßt hätten. Als er den zerrissenen blutbeschmierten Rock Josephs sieht, jammert er bei der Vorstellung von Josephs Tod und dessen Schmerzen, als Wölfe ihn angefallen hätten. Naphtali, einer der Brüder, dies hörend, „hätte dem Vater sagen können, daß er sich nicht zu beunruhigen brauchte wegen

Wölfen und wilden Tieren; aber er hütete sich. So eine Sache macht man ganz oder gar nicht, und er fühlte in dem Gürtel das schöne Geld, das ihm die ismaelitischen Kaufleute für seinen Bruder Joseph gezahlt hatten, für seinen Bruder Joseph, den er haßte, den sie alle gehaßt hatten, nur Ruben nicht, dieser Esel" (49f.).

Als Jakob fragt, ob sie auch überall gesucht hätten, bejaht Ruben leise: „Ach, er hatte wirklich überall gesucht, als er wiederkam von seinem Ritt zu den entfernteren Weideplätzen und den Brunnen leer fand, in den die Brüder Joseph hinabgelassen hatten, als sie beschlossen hatten, ihn aus dem Weg zu räumen." (50). Und er bedauert, daß er nicht dageblieben war und gesehen hätte, wie er Joseph retten könnte. So werden in der Szene von Jakobs Klage um sein Kind rückblickend und erinnernd - in anderer Reihenfolge als in der Bibel - die Handlungsmomente eingeblendet, die den Ausgangspunkt bilden: der Haß der Brüder, der Traum, Hinablassung in den Brunnen, Rubens Rettungsversuch, der Verkauf. Josephs Gespräch mit Pharao, die Traumdeutung und seine Ernennung zum „heimlichen Rat" sind als gegenwärtig und sehr ausführlich in dem Kapitel „Der Traum des Pharao" dargestellt (73–76).

Begegnungen in Ägypten

Die erste Begegnung

Die Ankunft der Brüder wird in dem Kapitel „Der Vater des Landes" als gegenwärtig geschildert. Joseph und sein Dolmetscher sind mit Rechnungen beschäftigt; Josephs Sohn Manasse beobachtet vom Fensterbrett aus die ankommenden Getreidekäufer und beschreibt sie nach Gestalt und Farbe ihrer Kleidung. Er sieht zehn Kerle, die „in der Hofecke" stehen und sich gar nicht ran getrauen. „Sie haben schon viele vorgelassen und waren zuallererst da" (83). Der Dolmetscher lobt ihre Bescheidenheit. Als dieser auf Josephs Anordnung hin „eine Handvoll Leute“ (86) eintreten läßt, hebt Joseph überrascht den Kopf und erkennt seine Brüder.

Bericht über die erste Begegnung

Was Joseph mit den Brüdern anstellt, wird wieder im Rückblick geschildert. Als die Brüder wieder bei Jakob angekommen sind, berichtet Ruben, wie sie von dem Dolmetscher ins Haus geführt wurden. Als „der Mann“ sie sah, sei er „mit einer Art Schrei auf den Stuhl“ gefallen; offenbar hätten sie ihn an jemand erinnert, „den er haßte“ (87), denn er sei sehr unfreundlich gewesen und immer böser geworden, habe sie für Spione gehalten, allesamt drei Tage eingesperrt, dann Simeon dabehalten und gefordert, den jüngsten Bruder zu bringen. Als er, Ruben, ihn angefleht habe, barmherzig zu sein und auf den Gram ihres Vaters hingewiesen habe, wenn sie nicht alle wieder nach Hause kämen, habe „der Mann“ sich weggedreht und es schien, als weine er (89).

Die zweite Begegnung

Auch diese wird im Rückblick geschildert, und zwar von Benjamin auf dem Heimweg der Brüder im Gespräch mit Simeon. Benjamin ist beeindruckt von „dem Mann“, der ihnen großzügig das Geld für das Getreide zurückgegeben hat, und davon, daß er ihnen, wildfremden Leuten, ein Gastmahl gegeben habe. Er sagt: „Ich möchte ein Leben führen wie der Mann heute“ (98). Für sich allein erinnert sich Benjamin nochmal an seine Begegnung mit dem „Mann“: als er diesem das Geschenk von seinem Vater überreichen wollte, hatte der Mann ihn „so sonderbar angeschaut“ (99), bevor er endlich sagte: „Das bist du also, Benjamin“ (99) und dann aufgestanden und hinausgegangen sei. Und Benjamin überlegt: „Wenn er hinausgegangen war, um zu weinen, (...) so wie mir das vorkam, dann soll man doch lieber nicht davon sprechen, denn das wär ihm bestimmt nicht lieb" (99).

Die dritte Begegnung

Diese wird als gegenwärtig erzählt. Auf dem Heimweg trifft der Dolmetscher die Brüder in der Herberge an und wirft ihnen vor, den silbernen Becher seines Herrn gestohlen zu haben. Als er diesen Becher in Benjamins Sack findet, schreit Ruben verzweifelt „Benjamin"; Benjamin wirft sich dem Bruder an den Hals und beteuert: „Ruben, ich hab ihn nicht genommen, glaub mir! Ich bin doch kein Dieb! Ruben, sag dem Mann, daß ich kein Dieb bin!" (101) Die Brüder drängen sich um den verzweifelt schluchzenden Benjamin, „so als könnten sie ihn beschützen". Auf Dans Frage, was mit Benjamin geschehen solle, deutet der Dolmetscher durch Gesten an, daß er zum Tode verurteilt werde. Benjamin ist entsetzt und erstarrt. Simeon zerreißt sein Kleid. Aus der Verzweiflung rettet er sich durch Trotz und sagt zu Benjamin: „Gib mir deinen Mantel, Kleiner (...) da wo wir beide hingehen, brauchst du keinen Mantel und ich keinen Rock" (101). Auch in der Bibel haben die Brüder ihre Kleider zerrissen, kommen jedoch nicht haßerfüllt zu Joseph zurück, sondern „sie fielen vor ihm nieder auf die Erde" (Kap. 44, 14). Als Benjamin aus seiner Erstarrung erwacht, erringt auch er eine Haltung von Trotz und Haß: „Diese dreckigen Ägypter" dachte er in hochmütiger Verzweiflung. „Denen ein Schauspiel bieten (...) Das fehlte noch" (102). So ist durch den vorgeblichen, inszenierten Diebstahl Haß erzeugt worden, was keine gute Voraussetzung für Versöhnung bildet.

Das Erkennen

Bevor Joseph sich zu erkennen gibt, wird in Nelly Dix' Erzählung eine Familienszene geschildert, die die Erkennensszene vorbereitet und zeigt, wie problematisch nach dem Vorausgegangenen die Versöhnung wird. Josephs Frau Asnath füttert den jüngeren Sohn Ephraim, Joseph sitzt auf der Fensterbank neben dem älteren Sohn Manasse. Im Dialog zwischen den Eheleuten wird erörtert, was Joseph mit seinen Brüdern anstellt. Asnath mißbilligt sein Verhalten: „Ich hab mich längst gewundert (...) wie du damit einmal zu Ende kommen willst. Aber du wußtest es ja immer besser; also hab ich schließlich nichts mehr gesagt. Und nun stehst du da und weißt nicht weiter. Mußtest du das unbedingt so auf die Spitze treiben?" (103). Joseph antwortet ausweichend: „Das verstehst du nicht" (...) „schließlich ist das ja meine Sache" und fährt fort, indem er Asnath teils zustimmt, sich aber noch rechtfertigt: „Sicher, ich hätte es nicht so weit treiben sollen. Aber glaubst du, daß man die Gelegenheit sich zu rächen für eine Gemeinheit, die sie mit einem gemacht haben, so leicht vorbeigehen lassen kann? Ich hab jahrelang darauf gewartet. Ich hatte mir geschworen, es ihnen heimzuzahlen." (103)

Als Joseph von den Ismaeliten an Potiphar verkauft werden soll und in dem geschenkten alten Hemd - denn die Brüder hatten ihm seinen bunten Rock genommen - dem Käufer vorgestellt wird, „dachte Joseph grimmig. Na wart, ich soll euch wieder begegnen, dann werden nicht nur eure Röcke daran glauben" (53). - Asnath widerspricht: „In Wirklichkeit hattest du das alles längst vergessen, (...). Und wenn du ehrlich bist, weißt du ganz gut, daß es irgendwie gar nicht deines Amtes ist, andere Leute abzustrafen. Aber das alles regt mich nicht so auf, wie daß du den einzigen, der absolut nichts damit zu tun hatte, am schlimmsten behandelst. Was hat dir dein Bruder Benjamin getan?" (103)

Damit stellt Asnath die Frage, die sich manchem Leser auch bei der Lektüre der Bibel erhebt. In den anderen literarischen Gestaltungen wird die Antwort übereinstimmend dahin gedeutet, daß es sich um eine Prüfung handelt, wie die Brüder mit dem Jüngsten umgehen;

es wird auf die Parallele angespielt: Benjamin ist unschuldig gefesselt, auch Joseph war gefesselt. Bevor Joseph auf Asnaths Frage antwortet, lenkt er ab und weist darauf hin, daß er seinen Brüdern das Korn umsonst gegeben habe. Dann schaltet sich der Sohn Manasse, der das Gespräch mitangehört hat, ein und sagt aufgeregt: „dann sind diese elf Männer deine Brüder? Und auch Simeon (...) O Papa!" (103). Joseph reagiert ärgerlich und gereizt: „Auch Simeon. Jetzt fängst du auch noch an!" Joseph muß sich nun also gegen Frau und Sohn verteidigen, die beide sein Umgehen mit den Brüdern mißbilligen. Asnath findet Josephs Verhalten sonderbar. Sie sieht sich getäuscht in dem Bild, das sie sich in fast sieben Ehejahren von ihrem Mann gemacht hat: „ich hätte nie gedacht, daß du so sein könntest" (104). Joseph ist verzweifelt, versucht aber noch, sich zu rechtfertigen: „Wer kann das überhaupt verstehn, was ein anderer tut?" (104) Dann aber weiß er offenbar selbst nicht, wie das, was er eingefädelt hat, weiter gehen soll und sagt, auf ihren Vorwurf nicht eingehend: „hilf mir lieber" (104). Asnath legt nun ausführlich dar, was sie von Rache, Strafe und Wiedergutmachung hält, indem sie darauf hinweist, was alles durch diesen Scherz zerstört worden ist, und argumentiert: „Du mußtest doch selber wissen, was dir wichtiger ist - deine Liebe oder deine billige Rache." Und sie fragt noch einmal : „Und Benjamin?" (105) Dann werden die Männer gebracht. Und es folgt eine Schilderung der dritten Begegnung zwischen Joseph und seinen Brüdern, die erkennen läßt, daß die Versöhnung, die Joseph doch letztlich im Sinne hatte, in Gefahr war, zu mißlingen.

Als Joseph das Zimmer verläßt, in dem er mit Asnath gesprochen hat, fühlt er sich offenbar auch im übertragenen Sinne verlassen. Manasse läuft neben ihm her, und Joseph ergreift dessen Hand, vielleicht, um nicht ganz allein zu sein. Dann sieht er seine Brüder der Reihe nach an. Und die Erzählerin überläßt es dem Leser, sich auszumalen, was er empfindet und denkt. Als der Dolmetscher das Schweigen bricht und sagt: „Da ist auch der Becher“ (105), läßt Joseph Manasses Hand los und fragt schließlich, die inszenierte Anklage des Diebstahls noch aufrechterhaltend: „Wie habt ihr das tun können?“ (105) Die Frage scheint mehrdeutig: spielt Joseph auf die Untat der Brüder ihm gegenüber an? oder/und auf den vermeintlichen Diebstahl? Denn er wendet sich nicht an Benjamin, den vermeintlichen Dieb, sondern an die Brüder insgesamt. Doch er sagt dies „nicht sehr überzeugend und sehr leise“; er beginnt also, seine Inszenierung zu bedauern und findet keinen Übergang zur Versöhnung; er lenkt vom Diebstahl ab, indem er Ruben wieder nach dem Ergehen seines Vaters fragt. Es tritt wieder ein Schweigen ein, Joseph ist von Unbehagen erfüllt, angesichts der unschuldig angeklagten Männer, die ihn haßerfüllt ansehen. Und er erkennt plötzlich, daß er „wirklich nicht befugt war, sie für die Untat an ihm zu strafen“ (105). Ruben beantwortet endlich die Frage nach dem Ergehen seines Vaters mit bitterer Ironie, indem er sagt, daß es diesem gut gehe und noch besser gehen werde, wenn sie alle nicht mehr heimkämen, damit andeutend, daß Jakob vor Kummer sterben würde, wenn sie nicht alle zurückkämen. Letzteres sagt in der Bibel Juda am Schluß seiner ausführlichen Rede (Kap. 44, 31). Als Joseph auf Rubens Antwort hin verkündet, daß sie alle bis auf Benjamin zum Vater zurückkehren könnten, sagt Ruben achselzuckend nur ein einziges Wort: Nein. Damit ist die Gemeinschaft der Brüder mit Benjamin bekräftigt. Nun fragt Joseph - ein Geständnis ihrer Untat an ihm provozierend - „Hattet ihr nicht noch einen Bruder (...) was ist aus ihm geworden?“ (106) Ruben zuckt wieder die Achseln und sagt: „Befrage doch deinen Becher, bei dem du weissagst“. Darauf eingehend sagt Joseph „Warum nicht“ und erzählt nun, wie von einem dritten, was die Brüder damals mit ihm, Joseph, angestellt haben: „Ein argloses Kind, euer Bruder - selbst als er in den Brunnen geworfen war, glaubte er noch an einen Witz, an irgend einen rohen Spaß seiner großen Brüder. Aber das hat er dann doch bald gemerkt, als der Kaufmann für ihn bezahlte, daß das kein Scherz war. Was hat denn euer Vater dazu gesagt? Ihr werdet ihm das Geld doch gebracht haben?" (106) Ruben wird „weiß wie die Wand" und weicht zurück. Joseph entschuldigt ihn gleichsam, indem er darauf hinweist, daß er, Ruben, „bis zuletzt für ihn gebeten habe". Dann fügt er hinzu: „Das alles sagt mir mein Becher. Wollt ihr noch mehr hören, oder wollt ihr mir euren Bruder Benjamin lassen und heimgehen?" (106)

Nun folgt entsprechend der ausführlichen Rede Judas in der Bibel (Kap. 44, 18–34) Rubens Bitte um die Heimkehr Benjamins, mit dem erneuten Hinweis darauf, daß der Kummer um diesen jüngsten Sohn seines Vaters Tod herbeiführen würde. Ruben weist noch darauf hin, daß Benjamin durch die ungerechte Anklage Leid zugefügt sei; denn, so endet er seine Fürbitte: „dein Becher muß dir auch sagen, daß unser Bruder ihn nicht gestohlen hat" (106). In der Bibel waren bei der dritten Begegnung mit Joseph alle Brüder vor Joseph niedergefallen, ihre „Missetat bekennend" (Kap. 44, 14–16). In Dix' Erzählung ist es nur Ruben – er, der die Untat der Brüder verhindern wollte –, der vor Joseph niederfällt und flüstert: „Erbarm dich". Damit endet das „Schauspiel", daß die andern Brüder, die Schuldigen, betrachteten. Joseph, der das Schauspiel inszeniert hat, empfindet weder Triumph noch Befriedigung, als er sich – endlich – zu erkennen gibt. Da Benjamin und Manasse zu Simeon gegangen sind und Asnath im Nebenzimmer ist, kommt Joseph sich „grenzenlos verlassen vor" (107). Und als er – Ruben aufhebend – sagt: „Ich bin nämlich – ich war, das heißt – ich bin euer Bruder Joseph", errötete er, „und stand mit hängenden Schultern vor ihnen, als hätte er ihnen abzubitten" (107). Damit endet die Erkennensszene. Es fällt kein Wort von Versöhnung auf Seiten Josephs, nichts von Reue und Zerknirschung bei den Brüdern, keine Einladung an den Vater und sie alle, nach Ägypten zu kommen. Beim Aufbruch herrscht eher Verlegenheit. Die Brüder äußern „in zaghafter Fröhlichkeit ihre Freude" (107). Alle scheinen froh, daß der „schrecklich peinliche Tag" vorbei war. Nur Manasse bringt ein bißchen Heiterkeit durch seinen unbefangenen Umgang mit seinen neuen Onkeln in die sonst düstere Szene. Keiner konnte sich freuen, weder Joseph noch die Brüder. Nur eine Hoffnung gibt es: „Vielleicht, wenn sie das nächste Mal kämen, würden sie alle viel ungezwungener und harmloser miteinander umgehen können" (107f.). Ob damit angedeutet oder vorausgesetzt wird, daß sie wiederkommen, bleibt offen. Nur Benjamin sagt beim Abschied „Wiedersehn, Joseph!" Und Joseph zieht Bilanz über sein Verhalten, er „hatte das Gefühl, als habe er eine Rechnung bezahlt und bleibe nun ohne einen Pfennig zurück" (108). Warum das so ist, weiß er nicht: „Er wunderte sich, daß er keinerlei Genugtuung empfand, weder über die Rache, die er genommen hatte, noch auch über die Geschenke, mit denen er seine Brüder zuletzt überschüttet hatte. Irgendwie war das alles zu spät, und es war im Grunde genommen egal, was er tat. „Vielleicht hätte ich alles ganz anders machen müssen. Aber wie sollte das so einer wie ich wissen?" (108)

Als letztes ruft Joseph dem Benjamin, der sich beim Wegreiten nochmal umdreht und winkt, das zu, was in der Bibel (Kap. 45, 24) überliefert ist: „Zankt euch nicht auf dem Heimweg". Vielleicht ist das implizit eine prophylaktische Aufforderung zur Versöhnlichkeit.

Nelly Dix hat die biblische Geschichte gleichsam säkularisiert, enthistorisiert und psychologisiert. Es gibt keine göttliche Fügung, die letztlich alles Geschehen lenkt. Erzählt wird eine Geschichte vom Bruderhaß, von einem Rachebedürfnis, das über Jahre hinweg geblieben ist und – als sich die Gelegenheit bietet – befriedigt werden soll und auch umgesetzt wird, jedoch keine Genugtuung verschafft, ja, eine Versöhnung erschwert, fast mißlingen läßt. Nelly Dix hat gegenüber der biblischen Darstellung manche Momente des Geschehens verkürzt oder ganz weggelassen, andere ausführlicher vorgestellt und einige hinzugefügt, wodurch andere Akzente gesetzt sind.

In einem Kapitel „Die bunte Katze“ (65–68), spricht Joseph, der aufgrund der Anklage von Potiphars Frau im Gefängnis ist und andere Gefangene bewacht, mit der Tochter des Gefängnisaufsehers, für die er eine Katze und andere Tiere aus Holz schnitzt. Dabei erinnert er sich an seine Vergangenheit und erzählt dem Mädchen von seiner Kindheit in seiner Heimat Einzelheiten, die ihm assoziativ einfallen, so zum Beispiel denkt er beim Betrachten der Glyzinien auf dem Gefängnishof an die gleichen Blüten in seiner Heimat, mit deren Bohnen er und Benjamin gespielt hatten. Es scheint ihm unwahrscheinlich, daß er jemals seinen Vater und alles, an das er sich jetzt erinnert, wiedersehen wird. „Aber er wußte nicht, was schmerzlicher war - an all das zu denken oder alles das zu vergessen“ (67).

In einem anderen hinzugefügten Kapitel, „Der Erntewagen“ (77–82), wird Josephs Leben und Tätigkeit in seiner Funktion als „heimlicher Rat“ und „Vater des Landes“ anschaulich geschildert: Josephs Fahrten durch das Land, um die von ihm angeordneten Vorkehrungen für die bevorstehende Dürrezeit zu kontrollieren; Gespräche mit Bürgermeistern, Großbauern und Landpflegern und auch die Erholungsstunden in seinem Haus mit Garten und Teich sowie die Gesprächsabende mit Pharao auf dessen Schiff auf dem Nil (77). Bei einer der Fahrten durch das Land begegnet Josephs Gefährt in einem Hohlweg einem Erntewagen, der den Weg versperrt. Es kommt zu einem Wortwechsel zwischen Josephs Kutscher und dem Knecht des anderen Wagens. Ein schwieriges Ausweichmanöver ist erforderlich, währenddessen sich ein junges Mädchen, auf dem Garbenhaufen des vollbeladenen wegversperrenden Erntewagens sitzend, in den Wortwechsel einschaltet. Nun entwickelt sich ein Gespräch zwischen diesem Mädchen und Joseph. Als das Mädchen, von Joseph aufgefordert, von dem Garbenberg herunterrutscht, kann Joseph es gerade noch auffangen. Und als ihre Blicke sich begegneten, „mußten beide lachen" (80). Die weitere, wunderbare Schilderung dieser Begegnung, die hier nicht referiert werden soll, assoziiert die Begegnung zwischen Hermann und Dorothea in Goethes Epos, am Anfang des neunten Gesanges (WA Bd. 50, 256). Das Mädchen in Dix' Erzählung heißt Asnath, ist die Tochter eines Priesters und wird Josephs Frau. Als solche spielt sie eine wichtige Rolle im weiteren Verlauf des Geschehens, (s.o. 56), im Gegensatz zur Bibel, wo es (Kap. 41, 45) nur heißt: „Und nannte ihn den heimlichen Rat und gab ihm ein Weib, Asnath, die Tochter Potipheras, des Priesters zu On". In der Bibel also wird Joseph von Pharao verheiratet, bevor er sein Amt antritt. Die beiden Söhne werden in der Bibel zwar namentlich genannt, Manasse und Ephraim (Kap. 41, 50–52), bleiben aber außerhalb des Geschehens. Anders bei Nelly Dix: in einem Kapitel (91–96), das Simeons Gefangenschaft gewidmet ist, besucht Manasse, der ältere Sohn Josephs, Simeon täglich im Gefängnis, was durch des Gefängniswärters Tochter, der Joseph während seiner Gefangenschaft (s.o. 61) Holztiere geschnitzt hatte, arrangiert wird. Simeon ist anfangs mißtrauisch und sagt höhnisch: „Du kommst wohl zum Spionieren" (93). Manasse antwortet, daß er heimlich, ohne Wissen seiner Eltern komme. Simeon erzählt Manasse von seinen Vorfahren, „merkwürdige Geschichten, die sich vor langen Zeiten in seinem Land ereignet hatten (...)" bis hin zur „Sintflut und endlich vom Garten Eden und von Adam und Eva, die durch ihre Dummheit das Paradies verloren" (94f.). Simeon, der wegen der Unkenntnis der Landessprache im Gefängnis sehr einsam ist, ist froh über Manasses Besuche, gibt das jedoch nicht zu. Wenn Manasse beim Abschied fragt: „Soll ich morgen wieder kommen?" (91), antwortet Simeon stets „Mir egal", obwohl er jeden Tag auf Manasses Kommen hoffte und wartete. Eines Tages berichtet Manasse von einem Gespräch seiner Eltern, das er mitangehört hatte. Der Vater habe geäußert, er müsse wohl den Hebräer laufen lassen, wenn ihn seine Brüder nicht bald holten. Darauf habe die Mutter geantwortet: „Du hättest ihn längst freilassen sollen - es war unrecht, ihn überhaupt einzusperren" (95) und der Vater habe gesagt „Davon verstehst du nichts" und mit dem Messergriff auf den Tisch geklopft, „aber er sah sehr verlegen aus". Hier ist die Problematik von Josephs Verhalten schon angedeutet, die dann vor der Erkennensszene, ebenfalls im Dialog zwischen Joseph und Asnath und im Beisein der Söhne, vorgestellt wird (s.o. 56ff). Bereits hier spricht Asnath ihre Mißbilligung von Josephs Racheveranstaltung deutlich aus. Joseph reagiert ausweichend, ist aber bereits verunsichert. Das wird noch deutlicher, als er auf Asnaths Behauptung „Ich kann Recht und Unrecht gut unterscheiden" (95) antwortet: „Da kannst du mehr als ich". Das heißt, daß ihm Zweifel kommen, ob sein Verhalten zu den Brüdern gerecht ist. Hier wird wiederum auf die Einsicht vorausgedeutet, zu der er in der Erkennensszene gelangt ist: „Plötzlich erkannte er, daß er wirklich nicht befugt war, sie für die Untat an ihm zu bestrafen" (105). Eine Anspielung auf das spätere Erkennen ist auch damit eingeleitet, daß Simeon in seiner Zelle quer über die Wand eine Schrift entdeckt „Joseph der Träumer" und eine Zeichnung von elf Sternen, Mond und Sonne (91). Letzteres erinnert Simeon an Josephs Traum und er fragt sich, „Ob das die Strafe ist, dafür, daß wir damals auf das Flehen unsres Bruders nicht hörten? So kommt sein unschuldiges Blut über uns" (92). In der biblischen Erzählung (Kap. 42, 21) kommen die Brüder, nachdem sie alle drei Tage im Gefängnis waren, gemeinsam auf den Gedanken, daß das, was ihnen jetzt geschieht, Vergeltung für das ist, was sie einst Joseph angetan haben: „Das haben wir an unserm Bruder verschuldet, daß wir sahen die Angst seiner Seele, da er uns anflehte, und wir wollten ihn nicht erhören; darum kommt nun diese Trübsal über uns“ (Kap. 42, 21). Und Ruben bestätigt das: „Nun wird sein Blut gefordert“. Bei Nelly Dix hatte Manasse Simeon erzählt, daß sein Vater früher auch im Gefängnis gewesen sei (93). An beides, die Schrift und die Zeichnung, erinnert sich Simeon später, als Joseph sich zu erkennen gibt. Somit sind in dem Kapitel „Simeon“ Rückblicke und Vorblicke enthalten, die wesentliche Momente des Geschehens berühren: Der Sternentraum als Auslösung und Verstärkung des Bruderhasses und die Fragwürdigkeit der Rache.

Nelly Dix hat in ihrer Erzählung die aus der Bibel übernommenen Motive anders als dort an- und in ihre Erzählstruktur eingeordnet und außerdem weitere hinzugefügt.

3. Vergleich der literarischen Gestaltungen miteinander

Die äußeren Stationen des in der Bibel berichteten Geschehens - Träume, Verkauf, drei Begegnungen in Ägypten mit Gefangennahme, Gastmahl, vorgeblichem Diebstahl und Erkennen - und deren Abweichungen und Unterschiede in den einzelnen literarischen Gestaltungen sind beim jeweiligen Vergleich mit der Bibel bereits deutlich geworden und bleiben jetzt - außer der Rolle Asnaths - unberücksichtigt. Bei einem rückblickenden Vergleich der einzelnen Gestaltungen miteinander soll zunächst Asnaths Rolle und Bedeutung aufgezeigt werden, außerdem, und dem Thema entsprechend, das innere Geschehen, wobei der Schwerpunkt hauptsächlich auf der Schuldfrage und ihrem Umfeld liegt, nämlich Schulderkenntnis und -bekenntnis der Brüder sowie Mitschuld von Joseph und Jakob, und damit zusammenhängend die Rolle der göttlichen Fügung oder des Zufalls.

Asnath

Josephs Frau Asnath ist in den einzelnen Gestaltungen unterschiedlich aufgefaßt und dargestellt. In der Bibel heißt es - nachdem Pharao Joseph als „Vater des Landes“ ausgerufen hat - „und nannte ihn den heimlichen Rat (...) und gab ihm ein Weib, Asnath, die Tochter Potipheras, des Priesters zu On“ (Kap. 41, 45). Auch ihre beiden Söhne, Manasse und Ephraim, werden genannt (Kap. 41, 50ff.). Mehr erfahren wir nicht.

Bei Grimmelshausen ist Joseph mit „seiner Liebsten Asaneth“ im Gespräch und scherzt mit den Söhnen, als er die Nachricht von der

Ankunft der Brüder erhält (816). Und als er seine Brüder bei der zweiten Begegnung zu einem Festmahl einlädt, ist Asnath anwesend, sitzt zwischen Joseph und Benjamin (828), mit dem sie sich viel unterhält, wie auch mit den andern Brüdern (s.o. 18, 829). Bei Jakobs Anreise nach Ägypten läßt Joseph seinen Vater in einem Wagen abholen, in dem dieser neben Asnath und seinen Söhnen sitzt (845). Asnath erscheint also als eigenständige Person, die innerhalb von Josephs Familie einen gebührenden Platz einnimmt.

Im „Altonaer Joseph" wird Joseph, wie in der Bibel, von Pharao mit Asnath verheiratet, nachdem er zum heimlichen Rat ernannt ist:

> „Ein große Fürste muß nicht unverEhlicht leben
> Ich will zur Ehe dir die Jungfer Asnath geben" (92).

Joseph bedankt sich für Pharaos Güte und Gunst:

> „Wie soll ich dir genug für deine Liebe preisen
> Ich will als meine Braut die Asnath den empfangen
> Sie soll auf dein Befehl mein Jawort gleich erlangen" (93).

Die Geburt der beiden Söhne, Manasse und Ephraim, und die Bedeutung ihrer Namen wird kurz mitgeteilt (94f.). Asnath wird nicht in das Geschehen der Begegnungen einbezogen und ist auch beim Gastmahl nicht anwesend.

Auch bei Thomas Mann wird Joseph von Pharao mit Asnath, der Tochter des Sonnenpriesters zu On verheiratet (Bd. 3, 244ff.). Das Zustandekommen dieser „Staatsheirat" wird ausführlich geschildert, in einem ganzen Kapitel mit der Überschrift „Das Mädchen" (Bd. 3, 242–251). Dieser Gattungsname sei „ihr geradezu zum Eigennamen geworden", heißt es in der Beschreibung und Analyse ihres Charakters, in der sie als gutartig, sanft und fügsam dargestellt wird, „(...) in den Willen ihrer vornehmen Eltern, in den Pharao's und dann in den ihres Gatten bis zur eigenen Willenlosigkeit ergebenes Kind" (...) „mit einer ausgesprochenen Neigung zum Mit-sich-geschehen-lassen und zum duldenden Hinnehmen ihres weiblichen Loses" (Bd. 3, 247). Für die Hochzeitsfeier mit allen Vorbereitungen und Zeremonien des Festes wird ebenfalls ein ganzes Kapitel aufgeboten mit der Überschrift „Joseph macht Hochzeit" (Bd. 3, 251–258). Josephs Söhne Ephraim und Manasse werden „schlecht und recht ägyptisches Halbblut" genannt (Bd. 3, 249). Daß die fügsame Ehefrau nicht an dem Gastmahl teilnimmt, ist nach der Schilderung ihrer Person nicht verwunderlich. Es wird damit erklärt, daß es sich um ein „Geschäftsfrühstück" handele (Bd. 3, 388), das in einem reinen Herrenmahle besteht. Asnaths Rolle ist hier in die der konventionellen und traditionellen Vorgabe eingepaßt.

Bei Irmgard Powierski wird die Ehe mit „Asenat Potiphera" ebenfalls von Pharao gestiftet, der auch den Zeitpunkt der Vermählung bestimmt, nämlich nach der Ernte. Joseph reagiert zuerst bedenklich, daß ihm „die Tochter eines Heidenpriesters" zur Frau gegeben wird (125) und fragt sich:

> Soll mit Gewalt Ägypter ich nun werden?
> Warum berücksichtigt Pharao nicht meine Herkunft? (125)

Doch bei der Begrüßung beim Anblick Asnaths war's ihm, „als sehe einer in des anderen Herz", was Asnaths Vater, der Priester, als Einvernehmen deutet. Und Joseph bittet seinen Gott: „Segne Asenat! / Segne unser Haus!" (126) Asnath erkennt und akzeptiert ihres Ehemannes Vertrauen in seinen Gott und seinen Glauben an ihn. Er dankt ihr dafür: „Geliebte Asenat, meine Verständnisvolle!" (128) Geschildert wird eine Ehe in idealisierter Gemeinsamkeit. In Gesprächen beider geht es um ihre Söhne und deren Namen; es geht um Josephs Vergangenheit, seine Erinnerung daran, um Josephs Verhalten zu seinen Brüdern, seine Versöhnung. Rückblickend erinnern beide sich an die Vergangenheit und sehen im Vertrauen auf

Gottes Hilfe voll Hoffnung auf die Zukunft. Obwohl Asnath so an allem, was Joseph erlebt und was ihn innerlich bewegt, teilnimmt, ist sie bei dem Festmahl nicht dabei. Bei Jakobs Ankunft in Ägypten sagt Joseph zu seinem Vater, daß Asnath mit den beiden Söhnen auf ihn warte (236); und zu Beginn eines längeren Gesprächs zwischen Vater und Sohn, in dem letzten Kapitel „Vertrautes Gespräch" (245-249) fragt Jakob als erstes: „Bringst du mich jetzt zu Asenat und deinen Söhnen?" (245) Eine Begegnung zwischen Asnath und Jakob wird nicht dargestellt.

In Nelly Dix' Erzählung lernt Joseph Asnath bei einer zufälligen Begegnung kennen und weiß zuerst nicht, daß sie die Tochter eines Priesters ist (s.o. 61). Beide Söhne werden in Familienszenen vorgestellt. Der ältere, Manasse, ist mehrfach an dem Geschehen beteiligt: als zuschauender Beobachter, als die Brüder kommen, um Getreide zu kaufen (s.o. 53), beschreibt er ihr Benehmen; er besucht Simeon im Gefängnis, wodurch eine freundliche, ja fast freundschaftliche Beziehung zu Simeon entsteht, ohne daß Manasse weiß, daß Simeon seines Vaters Bruder ist (s.o. 56) ; durch seine Anwesenheit beim Zwiegespräch seiner Eltern über Simeons Gefangennahme, das er Simeon erzählt; und schließlich bei der Erkennungsszene, wird durch ihn das Geschehen beleuchtet. (s.o. 57). Asnath wird, ähnlich wie bei Powierski, als Gesprächspartnerin Josephs vorgestellt, jedoch in gegensätzlicher Position. Während bei Powierski Asnath Josephs Verhalten zu seinen Brüdern gutheißt und ihm zustimmend sekundiert, nimmt Asnath bei Dix die Rolle der Kontrahentin ein, welche die Rachepläne ihres Ehemanns von Anfang an mißbilligt (s.o. 56) und ihn schließlich zu der Einsicht führt, was er mit „diesem Scherz", dem vermeintlichen Diebstahl, angerichtet habe (104).

Die Schuldfrage: Schulderkenntnis und -bekenntnis, Mitschuld

Die Haltung der Brüder entwickelt sich von Neid über Haß, nur Ruben bleibt davon frei, zur Tötungsabsicht, die dann, gleichsam wie eine Milderung, zum Verkauf führt.

Bei Grimmelshausen empfinden die Brüder bald nach dem Verkauf Reue über ihre Tat (753). Später, bei der Ankunft in Ägypten, als sie durch Josephs Hausmeister, der Zeuge des Verkaufs war, an ihre Untat erinnert werden, weist Ruben auf den Zusammenhang ihrer früheren Tat mit der jetzigen Ungnade des Regenten hin, und im Gefängnis erklärt er die Gefangennahme als Rache Gottes. Das führt die Brüder zur Schulderkenntnis.

Im „Altonaer Joseph" zeigen die Brüder keine Reue, als sie Joseph das Todesurteil verkünden und ihn dann - wiederum als Milderung - vor die Wahl stellen: Knechtschaft durch Verkauf oder Tod (33). Als Joseph die Brüder ins Gefängnis bringen läßt, denken sie an ihre frühere Schuld (109), das heißt, sie sind zur Schulderkenntnis gekommen und fürchten beim Erkennen Strafe. Als sie nach dem Erkennen zu Jakob zurückgekehrt sind und ihrem Vater sagen, daß sein Sohn Joseph lebt, legen sie, da sie auf Jakobs Fragen antworten müssen, ein Schuldbekenntnis vor Jakob ab (157-161).

In Thomas Manns Roman zeigen die Brüder, unmittelbar nachdem sie Joseph Gewalt angetan haben, zwar keine Reue, aber sie fühlen sich unwohl (Bd. 1, 598). Bei ihrer ersten Begegnung mit Joseph in Ägypten, als dieser sie gefangennehmen läßt, ahnen sie, daß das Verhalten des Statthalters Vergeltung für ihre alte Schuld bedeute (Bd. 3, 349), was Ruben bestätigt. Die Brüder kommen hier also ohne Rubens Nachhilfe zur Schulderkenntnis. Auch auf dem Heimweg, als sie das Geld in ihren Säcken finden, denken sie an die alte Schuld (Bd. 3, 361), und wiederum bei der zweiten Ankunft in Ägypten, als sie in des Statthalters Privathaus gewiesen werden, fühlen sie sich schuldig und erwidern auf Benjamins Hinweis auf ihre Unschuld an dem zurückerhaltenen Geld, daß sie nicht überhaupt alle Schuld hätten vermeiden können (Bd. 3, 382). Diesem angedeuteten Schuldeingeständnis Benjamin gegenüber folgt dann später ein ganz ähnliches vor Musai. Als der Hausmeister auf der Rückreise zunächst alle anklagt, den silbernen Becher gestohlen zu haben, weist Juda diese Beschuldigung zwar zurück (Bd. 3, 404), fügt aber hinzu, daß sie nicht überhaupt unschuldig seien; damit gesteht er wiederum eine frühere Übeltat ein. Dieses Schuldeingeständnis ist somit nicht nur, wie bei Grimmelshausen und im „Altonaer Joseph", innerhalb der Gemeinschaft der Brüder ausgesprochen, sondern vor Musai; damit wird eine Schuld, die noch nicht benannt wird, öffentlich eingestanden, wenn auch nur andeutend. Die Brüder scheinen auf dem Wege zum Schuldbekenntnis zu sein. Während der Gerichtsverhandlung vor Joseph verknüpft Juda erneut ihre gegenwärtige Unschuld am vorgeblichen Diebstahl mit ihrer alten Missetat und legt schließlich ein Schuldbekenntnis vor Joseph ab (Bd. 3, 416).

In Irmgard Powierskis Gestaltung des biblischen Stoffes empfinden Juda und Ruben, nachdem Joseph verkauft worden ist, Reue. Als Joseph die Brüder gefangennehmen läßt, erkennt Juda einen Zusammenhang mit ihrer früheren Untat und spricht das aus. Und auf dem Rückweg zu Jakob reflektieren alle Brüder darüber und Juda erklärt, daß sie durch den Fremden, wofür sie Joseph halten, angeklagt werden (138). Bei Jakob angekommen, kündigt Ruben dem Vater ein Schuldbekenntnis an (149). Bei der zweiten Ankunft in Ägypten berichtet Simeon seinen Brüdern über seine Gedanken während seiner Gefangenschaft (157) und spricht von der Bewältigung der Vergangenheit. Und Juda spricht von Reue und Schuldbekenntnis. Als der silberne Becher bei Benjamin gefunden wird, entschuldigt Ruben Benjamin und nimmt für sich und die andern Brüder die Schuld auf sich (165), was einer Kollektivschuld gleichkommt. Juda weist wieder auf ihre frühere Schuld hin. Als sie zu Joseph zurückkommen, legt Juda, bevor Joseph sich zu erkennen gibt, ein Schuldbekenntnis ab (168). Das innere Geschehen führt somit bei Grimmelshausen und im „Altonaer Joseph" zur Schulderkenntnis, bei Thomas Mann und bei Powierski weiter zum Schuldbekenntnis.

Bei Nelly Dix gibt es auf Seiten der Brüder weder Schulderkenntnis noch -bekenntnis, Joseph selbst hält ihnen ihre Untat vor, ehe er sich zu erkennen gibt.

Mitschuld Jakobs und Josephs

Unterschiedlich wird auch die Reaktion Jakobs auf Josephs Träume dargestellt.

In Grimmelshausens Roman deutet Jakob diese als göttliche Prophezeiung für ein künftiges Glück seines Sohnes und dessen Erhöhung über seine Brüder, die er begrüßt und herbeisehnt. Im „Altonaer Joseph" tadelt Jakob zwar seinen Sohn wegen seiner Träume, die die Brüder dahin deuten, daß Joseph über sie regieren wolle, und wirft ihm Hochmut vor (9, 233ff.). Dann jedoch, als er allein die Träume noch einmal bedenkt, glaubt er an ihre Erfüllung, da sie von Gott kämen. Er nimmt also eine zwiespältige Haltung ein. Bei der Begegnung auf der Weide zeigt sich Joseph keinesfalls hochmütig, sondern fleht die Brüder an und betet zu Gott. Als die Brüder ihn nicht töten, dankt er ihnen für sein Leben und zeigt keine Feindschaft, als sie ihn verkaufen. Als sie von dannen ziehen, ist er betrübt über den Abschied (36, 1000). Bei Thomas Mann nimmt Jakob eine ähnlich zwiespältige Haltung ein. Zunächst hält er nach der Erzählung der Träume Joseph eine milde Strafpredigt, weil er die zornigen Blicke der Brüder sieht; dann aber kommt ihm die Vorstellung vom „Vorgefühl künftiger Größe" seines Kindes (Bd. 1, 519f.). Joseph erkennt bereits, als er sich im Brunnen befindet, daß er durch sein Verhalten zu den Brüdern deren Neid und Haß herausgefordert habe (Bd. 1, 573). Und später in Ägypten, als die Brüder angekündigt sind und Joseph im Gespräch mit seinem Haushalter Mai über die bevorstehende Begegnung reflektiert und diskutiert, nennt er es „schreiend unreif", daß er, als er zu den Brüdern auf die Weide kam, gesagt habe, er komme, um nach dem Rechten zu sehen (Bd. 3, 324). Im weiteren Verlauf des Gesprächs spricht Joseph von „gemeinsamer Schuld" von ihm und den Brüdern (Bd. 3, 328). Auch Jakob wird eine Mitschuld an dem Mißverhältnis zwischen Joseph und den Brüdern zugeteilt; er habe durch seine Vorzugsliebe dazu beigetragen, wie er in „Gewissenserwägungen" (Bd. 1, 523) sich eingesteht, als er Joseph zu den Brüdern auf die Weide schickt. Das erkennt auch Joseph, als er sich in der Grube befindet und sieht darin eine gemeinsame Schuld von Vater und Sohn: „Zusammen hatten sie das Lamm in die Grube gebracht" (Bd. 1, 579). In Irmgard Powierskis Darstellung wird Joseph von seinem Vater wegen seiner Träume gescholten; Jakob wirft ihm „Ehrgeiz hin zur Macht" (41), Überheblichkeit und Hochmut vor (42). Als Joseph sich im Brunnen befindet, gesteht er, daß er selbst Neid erregt und die Brüder zu der Tat getrieben habe (59), weist aber gleichzeitig auf die Schuld der Brüder hin, die ihm mit Unverständnis begegnet seien (59). Im Gefängnis reflektiert er wieder über seine Brüder und versucht, ihren Zorn zu verstehen, und erkennt seine Überheblichkeit (111). In Nelly Dix' Darstellung der Passage, in der Jakob über Josephs vermeintlichen Tod nachsinnt, kommt diesem der Gedanke, daß es unrecht sei, wenn man seine Kinder ungleich liebt (51). Hier ist eine Mitschuld nur angedeutet. Eine Mitschuld Josephs kommt nicht vor, da das Verhältnis zwischen den Brüdern vor dem Verkauf ausgespart ist.

Göttliche Fügung oder Zufall

Die in der Bibel mehrfach betonte göttliche Fügung von Josephs Schicksal:

„Und der Herr war mit Joseph, daß er ein glücklicher Mann ward" (...) „und was er tat, dazu gab der Herr Glück" (Kap. 39, 2f. u. 23) – wird in vier Gestaltungen übernommen. Bei Grimmelshausen ist schon im Titel auf ein „Exempel der unveränderlichen Vorsehung Gottes" (s.o. 13) hingewiesen, ebenso in einem vorangestellten Kapitel und dann immer wieder: so von Jakob, bei seiner Deutung von Josephs Träumen; von Joseph, als Räuber nach dem Verkauf die Karawane bedrohen und er durch eine List die Karawane und die Brüder rettet, damit die Vorsehung Gottes sich erfüllen könne (s.o. 24 u. 817). Auch Asnath beruft sich auf die göttliche Vorsehung, um sich erklären zu können, daß die Brüder, die ihr beim Gastmahl als tugendhafte Verwandte vorkommen, ihren Joseph verräterisch verkauft haben sollten (s.o. 18). Und als Joseph sich zu erkennen gibt und Versöhnung versichert, weist er wiederum darauf hin, daß das, was sie ihm damals angetan hätten, durch die göttliche Vorsehung verordnet worden sei. Ebenso weist Joseph im „Altonaer Joseph", als er sich zu erkennen gibt, und Vergebung und Versöhnung verspricht, darauf hin, daß Gott „es so geschickt habe" (143). Auch in Thomas Manns Roman spielt die göttliche Fügung eine durchgehende Rolle. Während Joseph mit der Karawane zieht, fragt er im Gespräch mit dem Sohn des Käufers: „Wohin führt mich Gott, indem ich mit euch ziehe?" (s.o. 43) In Ägypten, als die Ankunft der Brüder angekündigt ist, entgegnet Joseph seinem Hausmeister Mai, der in den Brüdern Bösewichte sieht, daß er den Brüdern sein Glück und seine Größe verdanke, da Gott es zum Guten gewendet habe (s.o. 36) und die Geschichte lenke. Und auch sein Fehlverhalten den Brüdern gegenüber erklärt sich Joseph selbst damit, daß Gott es mit ihm so vorgehabt habe (s.o. 44). Auch in Irmgard Powierskis Darstellung überwölbt der göttliche Plan das ganze Geschehen. Joseph sieht seine Träume als von Gott kommend an und glaubt an eine Erfüllung in der Wirklichkeit (s.o. 47). Die Brüder sehen in dem Regenten, wofür sie Joseph halten, ein Werkzeug Gottes und glauben, daß dieser sie für ihre frühere Untat strafe (s.o. 48). Der Hauptakzent liegt jedoch hier nicht ausschließlich auf der göttlichen Fügung, sondern auf einer menschlichen Haltung aus christlicher Sicht; die Brüder und Joseph müssen Einsicht in den göttlichen Plan gewinnen, um diesen durch ihr Denken und Tun erfüllen zu können. Schulderkenntnis und -bekennntnis auf Seiten der Brüder und Eingeständnis von Mitschuld und Vergebung auf Josephs Seite bilden die Voraussetzung zur Versöhnung, um die Joseph Gott bittet: „Versöhnung laß gedeihen" (137).

Nelly Dix hat das Geschehen im menschlichen Bereich, ohne göttliches Wirken, angesiedelt. An die Stelle einer göttlichen Fügung von Josephs Schicksal tritt Glück und Zufall. Als der Dolmetscher zu Josephs Sohn Manasse sagt, sein Vater sei ein „großer und gewaltiger Mann" (84) und Manasse fragt „Ist das so, Papa?" widerspricht Joseph mit einem ernsten zweimaligen „Nein" und erklärt seinem Sohn, daß er kein gewaltiger großer Mann sei, sondern „ein Mann von Pharaos Gnaden". Einen großen Mann beschreibt er als „einen, der von sich aus groß ist, weil er viel kann oder weiß" und sagt von sich selbst, „Ich bin nur einer, der Glück hatte, – ein ganz mittelmäßiger Mensch" (84). Er ermahnt seinen Sohn, sich zu merken, „daß nichts ewig ist, nichts bestehn bleibt". Dem Dolmetscher mißfällt diese Bescheidenheit seines Gebieters, und er entgegnet: Trotzdem „solltest du etwas stolzer sein" (85). Darauf antwortet Joseph, das Gespräch abschließend: „Ich hab wirklich keine Ursache dazu (...) Ich war ein junger Bursch wie tausend andere, genau so dumm oder schlau, mit genau denselben Chancen, dem Zufall ausgesetzt wie alle, die kein Talent haben - ach was - wie überhaupt alle. Und so bin ich noch heute. Glück ist eine Sache des Zufalls, nicht des Verdienstes" (85). Damit unterscheidet sich Dix' Darstellung von den vier anderen Auffassungen.

Bei Grimmelshausen, im „Altonaer Joseph" und bei Thomas Mann bildet die göttliche Fügung ein durchgehendes Motiv, die alles menschliche Tun lenkt. Bei Irmgard Powierski spielt die göttliche Fügung zwar auch eine wichtige Rolle, bildet aber nicht den Schwerpunkt des Geschehens. Dieser ist in einer christlichen Haltung zu sehen, die Schuld und Vergebung einschließt. Als Joseph seinen Brüdern ihre Schuld vergibt, weist er nicht auf Gottes Fügung hin, wie bei Grimmelshausen, „Altonaer Joseph" und Thomas Mann, sondern erklärt ihre Tat und seine Versöhnung mit den Worten: „Schuldig werden gehört zu unserm Leben" (176).

Literaturverzeichnis

Die Bibel oder die ganze Heilige Schrift des Alten und Neuen Testaments nach der deutschen Übersetzung D. Martin Luthers. Neu durchgesehen nach dem vom Deutschen Evangelischen Kirchenausschuß genehmigten Text. Privileg. Württembergische Bibelanstalt. Stuttgart 1928.

Grimmelshausen: Des vortrefflich keuschen Josephs in Egyypten (...) Lebensbeschreibung (...) von Samuel Greifnson von Hirschfeld 1667. (s. S. 13). Zitiert wird nach dem Neudruck von 1862.

Altonaer Joseph: Joseph. Goethes erste große Jugenddichtung wieder aufgefunden und zum ersten Male herausgegeben von Prof. Dr. Paul Piper. Zitiert wird nach der Faksimile-Ausgabe. Hamburg 1920. - In der Debatte, ob der Text von Goethe stammt, hat Fritz Tschirch nachgewiesen, daß nicht Goethe der Verfasser sei, sondern ein niederdeutscher Autor. Vgl. dazu Nabholz-Oberlin s.u. S. 78.

Thomas Mann: Joseph und seine Brüder. Bd.1-3. Aufbau Verlag Berlin 1954.

Irmgard Powierski: Josef: Träumer, Bruder, Staatsmann. Freimund Verlag. Neuendettelsau 1999.

Nelly Dix: Joseph der Träumer. In: Nelly Dix: Joseph der Träumer. Erzählungen nach dem Alten Testament. Hrsg. von Fritz Löffler. Union Verlag. Berlin 1964. S. 47-108.

Die unterschiedliche Schreibung der Namen Joseph, Asnath und Jakob in den vorgenannten Werken ist in meinem Text vereinheitlicht, in den Zitaten wird die Schreibung der jeweiligen Quelle beibehalten.

Der Koran. Leipzig 1979. 7. Auflage. Reclam Bd. 351.

Josef in Ägypten. Bibel und Koran. München 2008. Beck'sche Reihe: Die grossen Geschichten der Menschheit. 11.

Frenzel, Elisabeth: Stoffe der Weltliteratur. Ein Lexikon dichtungsgeschichtlicher Längsschnitte. Stuttgart, 10. Auflage 2005.

Golka, Friedemann W./Weiß, Wolfgang: Joseph. Bibel und Literatur. Symposion. Helsinki/Lathi 1999.

Mann, Thomas: Joseph und seine Brüder. Ein Vortrag In: Gesammelte Werke. Bd. 11. Frankfurt am Main 1960. S. 654–669.

Nabholz-Oberlin, Margarete: Der Josephroman in der deutschen Literatur von Grimmelshausen bis Thomas Mann. Dissertation Basel. Buchdruckerei Hermann Bauer, Marburg/Lahn 1950.

Singer, Herbert: Joseph in Ägypten. Zur Erzählkunst des 17. und 18. Jahrhunderts. In: Euphorion. 3. Folge. 48. Band. 3. Heft. 1954. S. 249–279.

Goethes Werke. Hrsg. im Auftrage der Großherzogin Sophie von Sachsen. Weimar 1887ff. (zitiert WA)

Abbildungen

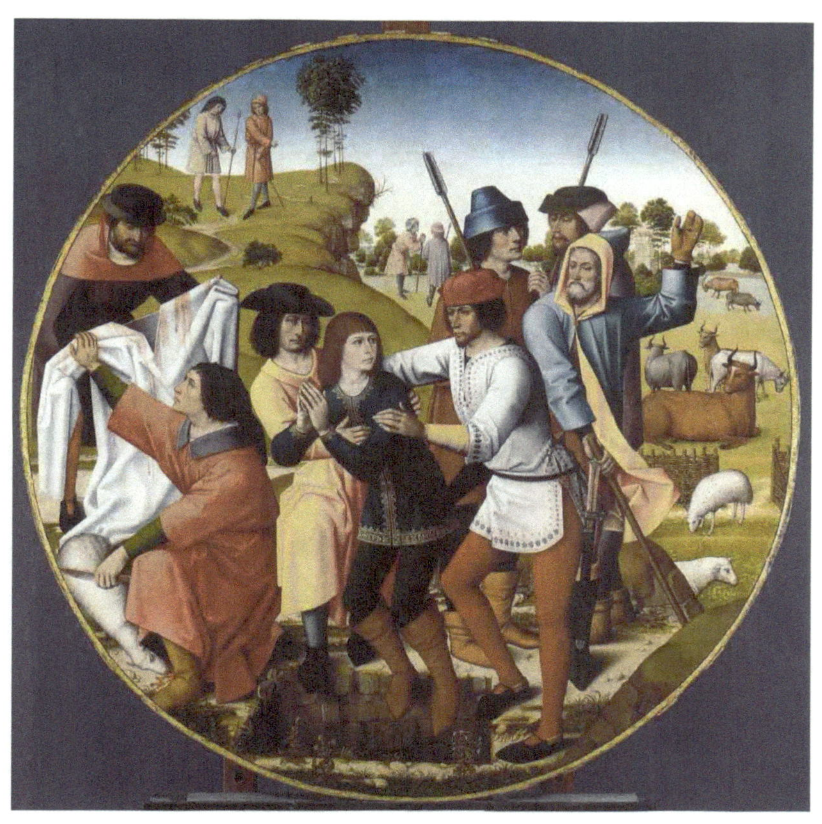

Joseph wird in die Grube hinabgelassen

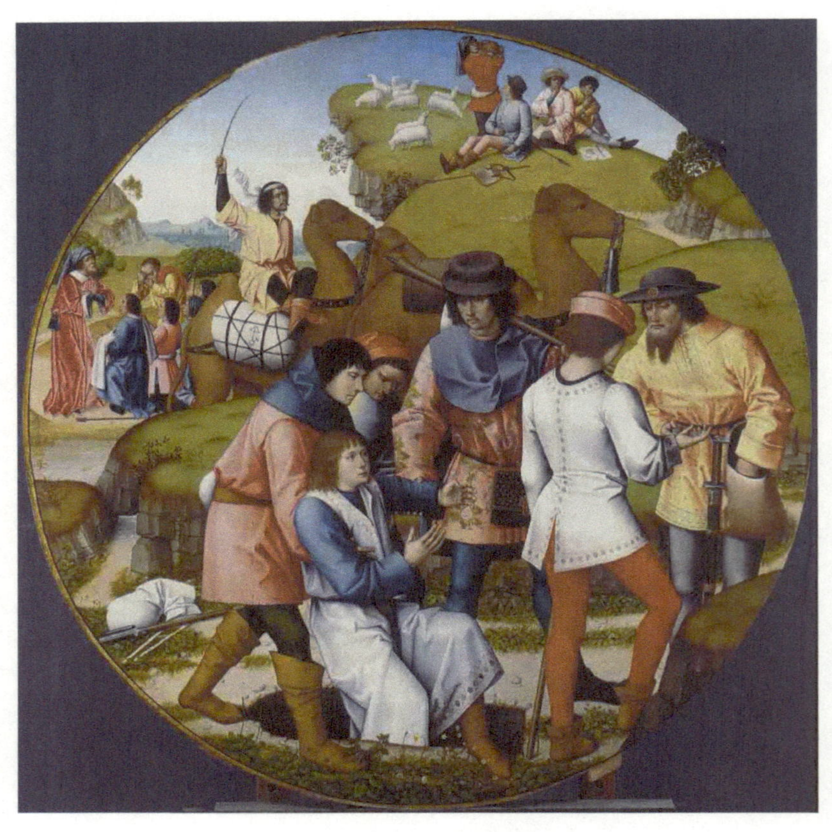

Joseph wird aus der Grube gehoben und verkauft

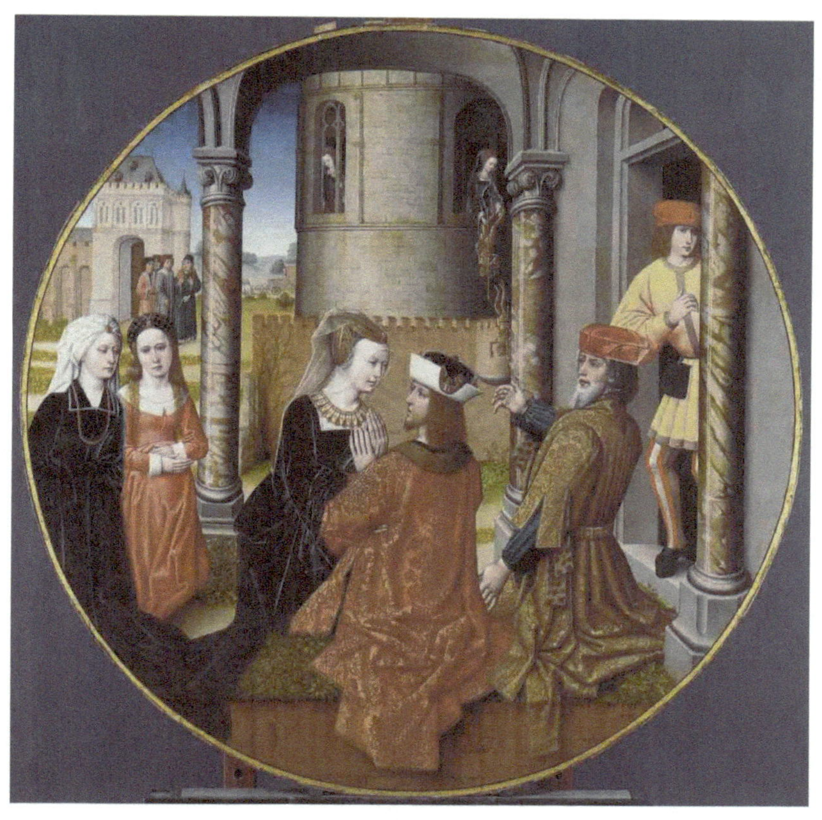

Joseph und Asnath

Abbildungsnachweise

S. 81: Joseph wird in die Grube hinabgelassen

S. 82: Joseph wird aus der Grube gehoben und verkauft

S. 83: Joseph und Asnath

Für die Überlassung einer CD mit den Bildern und die Genehmigung zur Abbildung danke ich der Gemäldegalerie vielmals.

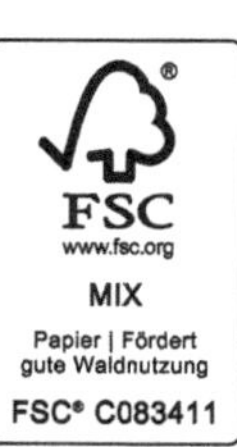

Zeitfracht Medien GmbH
Ferdinand-Jühlke-Straße 7
99095 Erfurt, Deutschland
produktsicherheit@kolibri360.de